袁隆平

嗨！有趣的故事

Hi! Story

鄧湘子
謝長江

中華教育

【出版說明】

在文字出現以前，知識的傳遞方式主要就是語言，靠口耳相傳的方式記錄歷史與情感表達。人類的生活經歷、生命情感也依靠著「說故事」來「記錄」。是即人們口中常說的「傳說時代」。然而文字的出現讓「故事」不僅能夠分享，還能記錄，還能更好、更廣泛地保留、積累和傳承。

《史記》「紀傳體」這個體裁的出現，讓「信史」有了依託，讓「故事」有了新的準則：文詞精鍊，詞彙豐富，語言精切淺白；豐富的思想內容，不虛美、不隱惡。選擇人物一生中最有典型意義的事件，來突出人物的性格特徵，以對事件的細節描寫烘托人物的情感表現，用符合人物身分的語言，表現人物的神情態度、愛好取捨。生動、雋永而又情味盎然。

「故事」中的人物和事件，從來就是人類的「熱門話題」。她是茶餘飯後的趣味談資，是小說家的鮮活素材，是政治學、人類學、社會學等取之無盡、用之不竭的研究依據和事實佐證。

中國歷史上下五千年，人物眾多，事件繁複，神話傳說與歷史事實並存，正史與野史交錯互映，頭緒繁多，內容龐雜，可謂浩如煙海、精彩紛呈，展現了中華文化的源遠流長與博大精深。讓「故事」的題材取之不盡，用之不竭。而其深厚的文化底蘊如何呈現，怎樣傳承，使之重光，無疑成為《嗨！有趣的故事》出版的緣起與意趣。

《嗨！有趣的故事》秉持典籍史料所承載的歷史精神，力圖反映歷史的精彩與真實。深入淺出的文字使「故事」更為生動，更為循循善誘、發人深思。

《嗨！有趣的故事》以蘊含了或高亢激昂或哀婉悲痛的歷史現場，以對古往今來無數先賢英烈的思想、事蹟和他們事業成就的鮮活呈現，於協助讀者不斷豐富歷史視域和深度思考的同時，不斷獲得人生啟迪和現實思考，並從中汲取力量，豐富精神世界，在實現自我人生價值和彰顯時代精神的大道上，毅勇精進，不斷提升。

【導讀】

你觀察過水稻田裏那些金燦燦的稻穗嗎？

你知道一枝稻穗上能結出多少穀粒嗎？

你有沒有想過捧起一枝稻穗，數一數它結了多少穀粒？

你是否知道，一位喜歡數穀粒的人創造了讓世人欽敬的奇蹟？

半個多世紀前，湘西雪峰山深處的安江鎮有一所農業學校。

盛夏的一天，這所學校的一位青年教師下課後手拿著課本走到校外的早稻試驗田邊。那片稻田裏生長著培育的早稻，金黃的稻穗已經垂下，呈現出豐收在望的景象。

這是他和他的學生一起種的試驗田，他喜歡到稻田邊走一走，看一看。

突然，他被一株形態特異、「鶴立雞群」的水稻植株吸引住了。那株水稻在稻叢中長得特別高大，稻穗尤其長，格外顯眼。青年老師立即把教科書放在田埂上，向那株水稻走去。那株水稻太不一般了，它株型優異，穗大粒多。

這位青年老師走下田埂踏進稻田裏，湊近去仔細觀察，伸手輕輕捧起稻穗。他數了數那株水稻的穗數，又細心地數了每枝稻穗上的穀粒數。這株水稻有十餘穗，每穗有壯穀一百六七十粒。

當時，一般品種的水稻一枝稻穗一般只能結出一百粒左右的稻穀。這株奇異的水稻穗數和穀粒數遠遠多於普通的稻株。這真是一株不同尋常的水稻！

他看著眼前這株奇異的水稻，一串問號從腦子裏冒出來。它是怎麼來的呢？能不能通過人工培育的方式，讓稻田裏都種上這樣的水稻？要是稻田裏所有稻穗都長得這麼長，能結這麼多飽滿的穀粒，那麼水稻的產量不就能大幅度提高嗎？

這位青年老師心情激動，趕緊找來一根布條給這株特殊的稻子做上記號。

此後，他每天都要走到田邊，去看看那株奇異的水稻。收割的時候，他特意把它結的金燦燦的穀粒單獨收藏起來，留作試驗用的種子。

這位數穀粒的青年教師名叫袁隆平。

受這株不同尋常的水稻啟發，袁隆平開始了一項看似簡單其實卻異常艱辛的科學研究——他要讓稻穗變得更長，讓稻穗結出更多、更飽滿的穀粒。

目錄

出版說明 002
導讀 004
參觀美麗的果園 010
跟著興趣走 015
愛提問愛思考 021
游泳比賽奪冠 027
「農門」裏的大學生活 031
來到安江農校任教 036
飢餓的啟示 048

發現「天然雜交稻」 051
要解世界難題 056
尋找病態的雄花 060
寫出第一篇論文 066
試驗遇到了阻礙 070
追著季節去育種 077
試驗中的新難題 083
尋找新的試驗材料 086
迎來攻關大協作 094
試驗田裏的「魔法」 101
柔軟的內心處 107
禾下乘涼夢 114
要做一顆好種子 122

參觀美麗的果園

一九三〇年，一個小男孩在北平協和醫院出生了。他是家裏的第二個兒子，父母親給他取的小名叫二毛，大名叫袁隆平。

他的父親是江西省德安縣人，當時在平漢鐵路局擔任祕書。一九三六年秋，父親被調到漢口工作，袁隆平隨家人從北平搬家來到了長江邊。他已經六歲了，在漢口扶輪小學啟蒙上學。

這個一年級小學生有過一次非常難忘的經歷。有一天，他和同學們排著隊，跟老師去參觀一個果園。走進果園，小朋友們的眼睛一下子都亮了。

「哇，這麼多的果樹，果子長得真好……」小夥伴們興奮地叫起來。

「瞧，桃子紅紅的，又大又好看，一定很好吃吧？」

「喲，葡萄一串一串的，真好看！要是熟透了，肯定特別好吃。」

「這裏的花也開得特別好啊。」小朋友們感到格外新奇和興奮。同學們一邊觀賞，一邊議論。

袁隆平的腦子裏浮想聯翩。不久前，卓別林演的電影《摩登時代》，電影裏有許多令他難忘的畫面：牛奶一擠就出來了，葡萄一伸手就摘下來了。他覺得眼前這個果園，就像電影裏的畫面那樣美，那樣神奇。

他又想起了《西遊記》裏王母娘娘的蟠桃園，眼前那些成熟的桃子真像孫悟空大鬧天宮時吃的仙桃。

「老師，這裏的果樹和花朵為什麼長得特別好？」一個同學問。

老師說，果園裏的各種果樹都是技術人員精心栽培的，果子才會結得又多又好吃，花兒才會開得特別美。

袁隆平一直生活在大城市，這是他第一次走進果園。這次參觀真是一次印象深刻的經歷。

在他心中，果園的技術人員真了不起，他們像魔術師一樣培育各種果樹，結出的果子好看又好吃，栽種各種鮮花，花兒開得美麗迷人。他想，如果長大了做一個像魔術師那樣的果園技術員，那該多好啊！

盧溝橋事變後，日寇悍然發動全面侵華戰爭，隨即攻陷北平、上海，戰火迅速向中國內陸蔓延。一九三八年秋，日寇逼近武漢，大批中國老百姓被迫踏上了漫長而艱辛的逃難旅途。許多逃難的人都是靠兩條腿走，拖兒帶女，背著布包，倉皇奔逃。

袁隆平一家七口人租了一隻小木船逃出漢口，逆長江而上。風大浪急，船夫們吃力地搖著木槳。木船如烏龜爬行，一天只能行進十幾公里。走了二十多天，船才到達湖南桃源。

跟著父母和家人坐在逃難的船上，袁隆平覺得挺新鮮，和弟弟追追打打，玩得非常開心。有一次，他被弟弟推了一把，往後退了幾步，收不住腳步，咚的一聲！掉到江水裏。他不會游泳，像個秤砣一樣直往水底沉去。

弟弟嚇得大叫。大人聽見呼救聲，立即鑽出船艙來。袁隆平被一個在岸邊洗菜的當地農民救出水。他全身溼透了，衣服和頭髮都溼淋淋的。大人給袁隆平換上乾淨衣服，叫他不要和弟弟在船上追打了。可過了一會兒，他又照樣在船頭上快樂地玩起來。

天空中不時掠過日軍的轟炸機，追著逃難的人群掃射、投彈。飢餓和死亡威脅著這些無家可歸的逃難者。

逃到桃源的第二天中午，他們突然聽到警報長鳴。原來是日本轟炸機群飛來了。袁隆平一家擠在逃難的人群裏，躲在石拱橋下。

日本轟炸機丟下燃燒彈和炸彈，桃源縣城立即亂成一片，傳出劇烈的爆炸聲，火光沖天。敵機離去後，袁隆平跟著老船工到街上，看到縣城在空襲後變成了一片廢墟，死傷無數，真是慘不忍睹。老船工說：「這是日本鬼子犯下的罪行啊！」

隨身帶的食物已經吃完，想買一點兒能吃的東西，卻十分困難。

袁隆平一家乘船在洞庭湖邊尋找落腳的地方。幾經輾轉到了澧縣，他們租住在澧州正街的一家藥鋪裏。袁隆平進入弘毅學校讀書，他後來回憶說：「弘毅學校的老師教書很認真。國文老師是個老先生，蠻惡，背不得書，默不出字，用竹片打手板，打得好痛。」

戰火紛飛，澧縣也不是安居之地。全家人只好離開澧縣，繼續乘船進入洞庭湖，艱難地逆沅水而上，準備到湘西沅陵去。冬季的沅水變淺了，不能行船，他們只好返回洞庭湖。

逃亡路上充滿艱難、辛酸和危險，袁隆平覺得愈來愈不好玩了。天氣冷起來，缺少吃的東西，路途愈來愈艱辛。袁隆平和弟弟有時問：「媽媽，我們還要走多久，要到哪裏去？我們想回家。」孩子的問題，讓大人感到蒼涼和沉痛。

父親決定帶著全家溯長江而上，逃到更遠的重慶去。快過春節了，袁隆平一家人坐船抵達湖北宜昌。

農曆除夕夜，全家人待在江邊的木船上。往年過春節，有各種好吃的，有許多好玩的，孩子們可高興。可是，在逃難的木船上，在寒冷的江風裏，父親滿臉愁苦，母親暗暗歎息。

春節過後，一家人繼續坐著木船在長江的滾滾波濤中艱難地逆水行進，顛簸了數不清的日日夜夜。一九三九年春天，他們歷盡千辛萬苦，經過數千公里跋涉，終於抵達了重慶。

袁隆平和父母、弟弟租居在長江南岸的一座民居裏，門牌號為周家灣獅子口龍門浩二十七號。

一家人安頓下來，母親把凌亂的院子收拾得整整齊齊，種上花草，小院落裏一天天充滿生機。

跟著興趣走

到重慶後，袁隆平插班進了離家不遠的龍門浩小學。他的四弟上一年級，兩個人每天結伴同行。

沒過幾天，袁隆平就結識了許多新夥伴。同住一條街上的同學家裏有開茶館的，有做木工的，有開雜貨鋪做小生意的。袁隆平喜歡去那些地方玩。課餘時間，他和夥伴們一起打石頭，捉迷藏，划龍船，玩花燈，吃甘蔗，到茶館裏聽評書，爬山，去牧場騎馬。

袁隆平玩起來勁頭十足，常常玩得筋疲力竭才回家，剛穿了一天的衣服變得皺皺巴巴，常常褲頭翻捲，褲腳捲起。回到家裏皮鞋只解開一隻，另一隻鞋帶打了死結，他也懶得解。一隻腳穿著皮鞋翹在床外，人倒在床上呼呼入睡。

好玩好動的袁隆平也有很安靜的時候。他喜歡聽評書，聽了《西遊記》、《封神榜》、《七俠五義》等有趣的故事，還能繪聲繪色地講出來。他嚮往故事裏的英雄人物，其中最喜歡的角色就是「齊天大聖」孫悟空。這個神奇的美猴王翻個觔斗十萬八千里，上天入地，降妖伏魔，無所不能。袁隆平喜歡他那無拘無束、自由自在的性格和神通廣大的本領。

有時候，袁隆平帶著弟弟到街邊的書攤去看連環畫，天黑了還不回家，好多次都是大人找來，擰著耳朵叫他們回家。袁隆平還特別喜歡看電影，他看過美國好萊塢二十世紀三〇年代拍的許多影片，如《人猿泰山》、《泰山得子》等。

袁隆平在課業上成績一般，但也不是太差。他對課外的天地更感興趣，與夥伴們一起玩對他更有吸引力。他不僅閱讀著課本，也讀著社會和大自然這本大書。

那時候，一家人的生活都是由母親安排的。母親性格溫和，勤勞節儉。袁隆平淘氣的時候，母親耐心地跟他講道理，要他「多讀書，求進取，做好事」。父親在部隊找到一份工作，一個星期一般只能回家一次。父親比母親嚴厲得多，教育他們兄弟做事做人要規規矩矩，說話不能粗魯，在人前要講禮儀，站有站相，坐有坐相。

戰時的重慶，街頭巷尾到處流落著無家可歸的逃難者。有一天，袁隆平跟母親一起上街，看到一群人在圍觀幾個耍猴賣藝的人，其中一個老人雙手抱拳，請求路人施捨。母親十分同情，拿出一角小洋錢送到那個衣衫破爛的老人家手裏。母親無聲的行動在他心裏留下了深刻的記憶。

夏天到來的時候，袁隆平迷上了游泳。放學後，第一件事就是往江邊跑，他脫掉衣服，全身精光，撲到江水裏。媽媽說：「你還記得吧？去年坐船過桃源時，你落到江水裏。怎麼現在不怕水，反而天天泡在水裏？」袁隆平說：「會游泳就不怕水了，我要學會游泳。」

盛夏的晚上，袁隆平熱得睡不著，跑到江邊的木船上，那裏有不少男孩玩伴。他們有時在船上乘涼，有時泡到水裏。

重慶也並不安寧，日本轟炸機不時飛來空襲，投下炸彈，燒燬房屋，炸死百姓。這讓袁隆平想起難忘的逃難經歷，腦子裏冒出了問號：為什麼中國人這麼多，還受日本人的欺負？

敵機有時一天裏要空襲好幾次。敵機一來，人們趕緊「跑警報」，也就是跑進防空洞裏躲起來。防空洞裏光線昏暗，空氣悶熱，袁隆平不喜歡躲在裏面。趁著同學們往防空洞裏跑，他卻悄悄溜到江邊游泳去了。

有一次，袁隆平帶著弟弟一起逃學，到江裏游泳。警報解除，學校放學了，父母還不見兄弟倆回家。正好這天父親在家，他站在樓上拿望遠鏡四處瞭望，發現江邊有兩個小黑點，仔細一看，竟然是袁隆平和弟弟。

兄弟倆被逮個正著，父親嚴厲地問：「你們為什麼不上學，要逃課去游泳？」

「飛機來空襲，學校不上課……」袁隆平回答。

「你自己逃學，還把弟弟帶去，要把弟弟帶壞呀！」父親生氣地說。

按照家規，父親給他嚴厲的處罰——挨打、下跪、罰背書、罰寫字，然後才准吃飯。袁隆平原以為帶著弟弟一起逃學游泳處罰會輕一些，沒想到反而「罪加一等」。

見父親動了怒火，母親也不敢出來求情。直到父親有事出門了，母親端來煮好的雞蛋，苦口婆心地勸導：「爸爸嚴格要求，是為了你好！你要好好讀書，長大了才能成為有用的人。」

袁隆平在江水裏泡了半天，又被教訓了一陣，肚子早就餓得咕咕叫了。他一邊抹著淚答應著，一邊大口地吃東西。

母親見袁隆平過於貪玩，就抽出時間教他們兄弟做數學題，唱電影裏的英文歌曲。母親上過外國人辦的高中，當過小學老師，教育孩子很有耐心。袁隆平喜歡看外國電影，迷上了學唱電影裏的插曲，從而對學習英語發生了興趣。

他們家租住的小院經過母親的精心經營，各種花草生長茂盛。到了夜晚，花草叢中傳出昆蟲的吟唱。袁隆平有時會學著母親的樣子給花草澆水施肥，也經常注意觀察院子裏的那些植物。

袁隆平漸漸懂事，不再逃學了。他仍然喜歡到江裏游泳，泳技大有長進，與同伴比賽總是技高一籌。游累了，他就躺在沙灘上曬太陽，或者在草叢中捉迷藏、逮螞蚱。

這些親近大自然的珍貴經歷給了袁隆平自信、樂觀、開朗的性格。

愛提問愛思考

十二歲時，袁隆平進入重慶的復興初級中學，成了一名初中生。這是一九四二年的初秋。

新開設的代數等課程比起小學的內容要抽象得多。不少同學採用死記硬背的方法記定理和公式，袁隆平不喜歡這樣做。他習慣於在理解的基礎上學習和記憶，喜歡獨立思考，不懂的地方就提出來。

數學課上，在「有理數」這一章，老師講了一條乘法的重要法則：同號相乘的數取「+」號，並把絕對值相乘。老師說：「這就是說，正數乘正數得正數，負數乘負數也得正數。」

袁隆平想，正數乘正數得正數，這好理解；負數乘負數也得正數，這是為什麼呢？他想不通其中的道理，就提問說：「老師，負數乘負數，為什麼得正數？」

老師對他提的問題感到有點突然，停頓了一會兒說：「你們剛開始學習代數，講到的法則記住就是了，按照這個法則進行運算就對了。」

心中的問號沒有變成驚歎號，袁隆平感到很不滿足。他在心裏想，數學怎麼只需記憶，怎麼這樣不講道理呢？

還有一次，老師講到一個世界難題：角不能三等份。袁隆平覺得不好理解。他認為一個角應該可以三等份，比如一個九十度的直角，分成各三十度，不是分得規規矩矩嗎？但是老師說，這樣分不對，就是不能三等份。

為什麼角不能三等份呢？袁隆平放不下這個疑問。他感到這裏面肯定有道理可講的，只是自己想不出來，老師又沒有把其中的道理講清楚。這樣，他的心中留下了一個大問號。

他想弄清楚數學課遇到的那些問題，就和同排坐的一個同學商量，兩個人結成同伴互相幫助。

那個同學的數學成績非常好，袁隆平做了一個晚上還做不出來的習題，他幾分鐘就解出來了，但他游泳不行，動作像狗爬水。兩個人約定互相取長補短，袁隆平教他游泳，那個同學教袁隆平解數學習題。

袁隆平教會了那個同學游泳，有一次學校舉辦游泳比賽，那個同學得了二等獎。在那個同學的幫助下，袁隆平的數學也有了一些進步。

袁隆平不放棄心中的疑惑，總想弄個水落石出。他逐漸養成了一個良好的學習態度，就是抓住問題不放棄，千方百計找答案。

袁隆平的哥哥袁隆津在博學中學上高中。初二時，袁隆平也轉學到博學中學，開始了寄宿生活。

博學中學是一所男校，由英國人創辦。它原來在漢口，迫於日軍的砲火，從武漢遷到了重慶。學校的房子大多用竹片敷上黃泥築成，簡陋樸素。校園風景秀麗，綠樹成蔭，鳥語花香。學校不遠處是懿訓女中，風中有時傳來優雅的歌聲，那是女中的學生在練唱。

當時學校條件艱苦，師生們吃糙米飯，點桐油燈，十天半月才吃一次肉。但是校園生活豐富多彩，充滿活力。校長胡儒珍博士具有現代教育思想。老師對同學們的學習要求很嚴，重視開展藝文體育活動，鼓勵全面發展。袁隆平很快適應了這種緊張而有節奏的生活，感受到課堂的吸引力。

一節物理課上，老師講了著名的愛因斯坦方程式，即：$E=MC^2$。E代表能量，M代表質量，C代表光速。光速是個很大的數，所以很小的質量中蘊藏著巨大的能量。這一點好理解，但為什麼能量和光速的平方成正比呢？袁隆平想不明白，把問題提了出來：「老師，為什麼物質的能量和光速的平方成正比呢？」

這的確是一個難以解答清楚的問題，愛因斯坦本人也研究了好些年，才於二十世紀二〇年代得出這個著名的公式。一般的中學教師是很難講清楚這個問題的。老師稱許了他的問題提得好，並且舉出生活中的事例加以解釋。

老師說：「比如一公斤煤，完全燃燒後釋放出八千仟卡熱量，能把八十公升零度的冷水燒到一百度。但如果把這一公斤煤的全部能量釋放出來，竟有二十一兆六千億仟卡。這相當於一個城市幾年所消耗的電力。至於怎樣才能全部釋放這麼大的能量，還在等今後科學技術手段的發展。」

老師這一番解釋，讓袁隆平感到思想開闊，加深了理解，他對物理這門課更加有興趣了。

博學中學的英語教學很有特色，學生學習英語的風氣濃厚。學校規定其他課程不及格可以補考，但英語不及格就得留級。袁隆平在小學時受到母親的影響，喜歡學習英語。現在學校的環境進一步激發了他的學習熱情。

袁隆平所在的班有三位老師教英語。英國人白格里先生教閱讀；他的夫人是華裔英國籍，教朗讀和會話；教務主任周鼎先生教語法。

袁隆平勤於思考，摸索出一套適合自己的學習方法，成績愈來愈優秀。他課餘仍然喜歡游泳，喜歡參加各類班級活動。他閱讀《泰戈爾詩選》、《簡愛》、《咆哮山莊》

等文學名著和莎士比亞的作品，嘗試閱讀這些名著的英文版，覺得這是學習外語的一種有效方式。

一九四六年夏天，袁隆平從重慶博學中學初中畢業了。這年暑假期間，父親工作調動到武漢，他們一家從重慶搬到了漢口。

令人興奮的是，博學中學也帶著抗戰勝利的喜悅，從重慶遷回到了漢口。就這樣，袁隆平高興地進入自己喜愛的母校讀高中。

博學中學強調自由、平等精神，鼓勵學生發展興趣，突出特長，教會活動也不多，倒是藝文體育活動開展得很活躍。校園生活多姿多彩，學生思維活躍，不受約束。同學們具有獨立思考精神，敢於表達自己的見解。

在博學中學生活了四年多時間，袁隆平自由自在的個性得到健康的發展，獨立思考能力進一步強化，無論是課業方面還是其他方面，都為以後的發展打下了良好的基礎。

游泳比賽奪冠

袁隆平喜歡游泳，雖然沒參加過正規訓練，沒得到過名師指導，卻從不間斷地堅持練習，樂此不疲。他從小學游到中學，從重慶游到漢口，游泳成了他愈來愈突出的一項特長。

一九四七年夏天，湖北省舉行游泳比賽。博學中學決定選拔一些游泳健將生參加這次體育盛會。

教授體育的周老師負責選拔參賽選手的工作。他在愛好游泳的同學中挑了十幾個彪形大漢，準備派他們去參加預選賽。高一年級的袁隆平雖然已經十七歲，但個子不高，看上去不起眼，沒有被選上。

袁隆平主動找到周老師，說：「周老師，我也報了名，怎麼不讓我去？」

周老師拍了拍他的肩膀，笑著說：「呵呵，那你就去吧！」

聽周老師的口氣，好像是同意他去，又似乎是跟他開玩笑的樣子。袁隆平將信將疑。他想，老師不反對他去，自己就應當去見識見識。

袁隆平確實很想到游泳賽場去闖一闖。他覺得那麼多游泳高手在一起比賽，那場面一定挺精彩的。至於能否被選去參加正式比賽，他想都不曾想。

第二天，被派去參加預賽的同學集合出發了。周老師騎著自行車在前面帶路，後面跟著十多個同學，也都騎著自行車，組成一支自行車隊，浩浩蕩蕩地前行。

袁隆平不是正式選手，本來進不了比賽場地。他身子一縱，坐在一個同學騎的自行車後架上，跟著大家一塊兒進了賽場。

到達預賽場地，周老師看到了他，笑著說：「你既然來了，就試試看吧。」

袁隆平從沒參加過正式的游泳比賽，現在到了熱鬧的比賽場地，感到新奇而又興奮。他興致勃勃地和同學們一塊兒下了水。

比賽槍聲一響，這個在龍門浩橫渡過長江，闖過大風大浪的小伙子，舒展有力的臂膀，像一條海豚似的在水中奮力向前游去。

比賽結束，周老師大吃一驚——在全校派去參加預選賽的十多名學生中，袁隆平成績最佳，獲得漢口賽區男子一百公尺和四百公尺自由式兩個第一名。他是博學中學唯一被選去參加省裏比賽的選手。

袁隆平對自己的成績也感到喜出望外。他本來只是想到賽場去玩一玩，想在熱鬧的賽場長點見識，沒想到居然拿了兩項冠軍，意外地成了一名成績出眾的運動員。

接著去參加省裏的游泳比賽，同學們為袁隆平鼓勵加油。面對更多的游泳高手，袁隆平興致勃勃，輕鬆自信地投入到比賽中。他在賽場的表現讓老師和同學格外驚喜——他奪得了湖北省男子自由式第二名的成績。袁隆平載譽歸來，同學們在校門口熱烈歡迎，把他抬起來，使勁地往空中拋。

一九四八年初，父親調往南京工作，袁隆平全家人再從漢口遷居南京。袁隆平轉學進入中央大學附中，繼續上高二。

那時候，共軍勢如破竹，國民黨軍隊節節敗退。南京城裏物價飛漲。此時，共軍即將渡過長江，直指南京。

袁隆平讀完高中，即將參加升大學的考試。報考哪一所大學呢？父母親都在為他考慮這個問題。父親希望他報考南京的重點大學，日後能有出息。

十九歲的袁隆平喜歡過自由自在的生活，不想有太多的約束，對升官發財沒有興趣。他不想留在父母的身邊，希望開創自己的新天地。他記起小學時參觀過的那個童話般的果園，覺得學一門實用技術，做一個農業技術人員，一定很有趣。他瞭解到進農學院能學到培養瓜果的技術，心裏就有了主意。

袁隆平對父母說：「讓我考農學院吧，我想考到重慶去上大學。」

父親總覺得兒子的想法不妥，但也不好提過多的反對意見。就這樣，袁隆平考取了重慶相輝學院農學系，高高興興地跳進了「農業」這門學科。

幾十年之後，袁隆平接受採訪時曾這樣說：

「我是自願學農的。我生長在大城市，可為什麼學農呢？這個說起來很巧。我在上一年級的時候，大概六歲，在漢口，有一次郊遊，老師把我們帶到一個果園。哎呀，那個桃子紅紅的，長得特別好；那個葡萄，一串一串的；那個花也開得特別好。那時候，正好演卓別林的電影《摩登時代》，那個牛奶一擠呀就出來了，葡萄一伸手就摘下來了。那是從小的印象，記憶特別深。」

「農門」裏的大學生活

袁隆平追隨夢想的召喚，在告別龍門浩幾年之後，又回到了心中眷戀的山城重慶。相輝學院位於重慶北碚夏壩，距市區五十公里，地處嘉陵江畔，風景秀麗，氣候宜人。抗戰初期，復旦大學從上海遷到了這裏。抗戰勝利後，復旦大學遷回上海。一些留下來的復旦校友創辦了這所學院，大家從馬相伯、李登輝兩名教授的名字中各取一字，給這所學院命名。

一九四九年八月，袁隆平進入相輝學院農學系四班。校園連著滔滔江流和綠色田園，他的大學生活與田園風光融在一起。來自四面八方的同學，經歷了艱難的抗戰歲月，都有報效國家的理想抱負，有扎扎實實的學風，有「天下興亡，匹夫有責」的責任感，思想非常活躍。

宿舍比較擁擠，老師允許學生租住民房，自辦伙食。袁隆平和幾個同學一起住在宿舍裏，有一段時間他們一起做飯燒菜，自己動手，做得還不錯。晚上，他喜歡到圖書館裏看書自習。去圖書館的人多，袁隆平總是提前去佔位置。

袁隆平性格開朗，生活上不拘小節，衣著樸素。衣服掉了扣子，他也無所謂，照樣穿在身上。他對髮型也不講究。同學提醒他要好好梳一梳，他說：「我這個腦殼就是這麼個腦殼，我不管那麼多。」

袁隆平在課業上有自己的特性。當時沒有教材，上課就是聽老師講。袁隆平記筆記少，聽得認真，理解深刻。課餘時間，他和同學在一起評論時事，討論學術。

他依然迷戀游泳，還迷上拉小提琴、踢足球、聊天、看電影、讀外文版的小說，生活得自在快樂。這個藝文體育的高手，卻不會跳交誼舞，是個「舞盲」。班長拉他去學跳舞，他見到女同學就臉紅，趕緊離開。跳那種一板一眼的舞步，他可受不了。

袁隆平會跳另一種舞，就是那種讓跳舞者自由發揮的踢踏舞。他從電影上看到跳踢踏舞很有意思，就模仿著跳起來，居然跳得有模有樣。

一九四九年十一月，共軍進入重慶。袁隆平和他的同學們一樣，充滿了對新生活的美好憧憬。

一年後，重慶相輝學院農學系併入西南農學院，教學內容發生了很大變化。比如，遺傳學原來學的是孟德爾、摩爾根的經典遺傳學理論，現在改為講蘇聯生物學權威米丘林、李森科的學說。外語課也不一樣了，原來學的是英語，現在改為俄語。

袁隆平較快地適應了課程改革和教學內容的變化。他不想為追求得高分而學習，喜歡閱讀課外書，表現出很強的自學能力。他不願意把時間都花在教材和課本上，喜歡去圖書館和閱覽室，閱讀中外的學術書刊，拓寬視野。

當時西南農學院的考試計分採用蘇聯的五分制，滿分為五分。袁隆平覺得考三分就可以了，還編了一首歌謠在同學中流傳：「三分好，三分好；不貪黑，不起早；不留級，不補考。」真實地反映了他那種天性不受約束、生活樸素隨意的特點。

袁隆平富有朝氣和熱情，積極參加學校各種活動。憑著良好的身體素質和突出的興趣特長，他有兩次差點被選拔離校，一次是去當飛行員，另一次是去當游泳運動員。

中共建政後不久，韓戰爆發，戰火燒到了鴨綠江畔。

那時，中國的人民空軍剛成立不久，需要培養更多的優秀飛行員。一九五一年夏天，學校召開了參軍動員大會，號召同學們報名參加空軍飛行員選拔。袁隆平對日本飛機有切膚之痛，在逃難途中的湖南桃源，在重慶龍門浩江岸邊，他目睹過日本飛機炸死中國老百姓的慘烈場面。另外，他覺得做一名飛行員駕著飛機在天上飛，有點像孫悟空騰雲駕霧，是很好玩的事。他欣然報名，決定投筆從戎。當時西南農學院有三百多名同學報了名。

招考空軍的體檢很嚴格，有三十六個體檢項目。袁隆平身體素質非常好，他和另外七名同學闖過一道道體檢關。名單確定下來，這八名佼佼者即將成為空軍培訓學校的新學員，他們都感到非常高興。可是，不久後學校卻接到通知，要他們繼續留在學校學習。那時是一九五二年，韓戰已到了談判階段，國家決定不招在校大學生入伍當飛行員了。當時中國的大學生人數不算多，國家希望他們在建設事業上發揮更大的作用。

袁隆平另一次被選拔是一九五二年夏天，西南地區舉行游泳比賽，他代表農學院參加這次體育盛會，獲得男子一百公尺項目的第四名。如果獲得前三名，就會被招進游泳隊集訓，可能去當專業的游泳運動員。那時候的游泳比賽只設男子一百公尺項目，沒有五十公尺項目，袁隆平自己很清楚，他的實力和優勢是游前五十公尺，速度跟當時的世界紀錄是持平的。游後面五十公尺，他的耐力差一些。

袁隆平決定安心的留在學校，繼續完成學業。

大學即將畢業，袁隆平面臨著一場考驗。他內心留戀山城重慶，希望能留在重慶的農業研究機構工作。他在這個城市生活了十多年，這裏已經成了他的第二故鄉，長江和嘉陵江是哺育他成長的「母親河」。學校舉行的工作分配動員大會號召同學們到農村去，到祖國最需要的地方去，到最艱苦的地方去。

經過冷靜思考，他想通了，作為中共建政後培養的第一代大學生，應該服從分配，為國家的建設事業做出自己的一份貢獻。

等待他的將是一所偏遠山區農校的講台，將是廣闊的山地田野……

來到安江農校任教

一九五三年八月，袁隆平作為中共建政後的第一屆大學畢業生，從西南農學院分派到湖南。他從重慶乘船，順長江而下，過三峽到武漢，轉火車抵長沙。袁隆平來到湖南省農業廳報到，他被分配到黔陽地區安江農校當教師。當時湖南只有四所農業中專，安江農校是西邊的一所。

袁隆平又從長沙出發，搭上一輛燒木炭驅動的老式汽車，往湘西大山區行進。公路在大山裏繞來繞去，山勢愈來愈陡峭，老牛似的汽車好不容易爬過雪峰山，到了黔陽縣城。

黔陽位於雪峰山深處，是個偏僻落後的地方。唐代詩人王昌齡曾被貶到這裏，寫下「醉別江樓橘柚香」的名句。安江農校坐落在距縣城四公里之外的農村，周圍群山環抱，校園古木參天，校舍與農田相接。校園後面，是那條清澈見底、急流奔湧的沅水。

學校當時缺少俄語教師，袁隆平被安排教俄語課，這可不是他在大學裏學的專業。他沒有推辭，靜下心來，認真備課，邊學邊教。他採用口語提問的方式，讓學生加強口語會話訓練，課外教唱俄語歌曲，還指導學生與蘇聯學生通信，激發學習興趣，收到了不錯的效果。

袁老師在課堂上講到神采飛揚時看見黑板上寫滿了粉筆字，手指一縮，捏緊衣袖擦起黑板來。學生們見了立即發出愉快的笑聲。

袁隆平是全校第一個通過外語考核的專業教師，不用查詞典就能閱讀英文和俄文的專業報刊。他用自己學習外語的體會啟發學生要重視學好外語課。他說，多掌握一門外語等於多打開了一扇獲取知識的窗戶，可以學到更多的科學知識。

袁隆平在課餘時間堅持讀書學習，個人生活上的許多事情倒被淡忘了，比如，一件衣服穿久了他也不換洗。有一次，教研組長通知他晚上開會，他答應了，卻忘記去參加。組長第二天問起他時，他才恍然大悟。這樣的事情不止一次，他只要鑽進那堆外文資料，往往就忘記別的事了。

每天晚餐後，他喜歡帶著學生去游泳。校園背後的沅水成為他們天然的游泳池。男同學最喜歡的活動就是跟著袁老師去沅水裏游泳，潛水，在江面上比誰游得快。有一年發生水災，袁隆平還從滾滾洪流中救出了一個落水的人。

因為教學成績優異，第二年袁隆平被調到遺傳製種教研組，擔任植物學、作物栽培、遺傳製（育）種等農業基礎課和專業課的教學工作。他在大學裏學的專業知識在課堂裏派上了用場，在教學上更加如魚得水。

袁隆平對待學問特別認真，教一門鑽一門，愛一門。他系統地學習和鑽研專業知識，從構成植物體的最小單位——細胞的構造開始，到根、莖、葉、花、果的外部形態，植物的生物學特性，以及遺傳特性等進行系統深入的研究。

這些生物學方面的內容袁隆平很熟悉，他重新學習和深入鑽研，不只是複習一遍舊教材。他決定採取理論聯繫實際的辦法，扎扎實實地結合實驗，從最有利於教學的需要出發，加深對專業知識的重新認識。

為了在顯微鏡下觀察細胞壁、細胞質、細胞核的微觀構造，袁隆平刻苦磨煉徒手切片技術，十餘次沒有成功，就上百次地切。百餘遍觀察效果不理想，他就上千次地實踐，一直到得到滿意結果為止。

很多個晚上，他在實驗室裏做實驗，待到凌晨一兩點，到了廢寢忘食的地步。

袁隆平注重把來自實踐的感性認識與理論相結合，在課堂上講解起來游刃有餘，不被理論束縛。他講課生動具體，富於啟發性，受到學生歡迎。

備課時，他常常從學生的角度提出各種問題，嘗試好幾種解答的方式，找到容易為學生理解的一種。在備「植物開花結果」這一課時，袁隆平開始懷疑，到底植物繁殖有沒有受精？是不是和動物一樣？

為了找到答案，他走出課堂來到田間地頭，為玉米的雌花套袋隔離。觀察表明，雌花因得不到雄花的花粉無法受精，不能結實。袁隆平感慨地說：「即使像這樣淺顯的問題，如果教師鑽研不深，就不可能給學生講透講好。要給學生一瓢水，教師必須有一桶水。」

袁隆平在教學上注重親自動手示範，讓學生動手做實驗，培養動手能力。他還帶著學生到山上採集植物標本。課本上涉及的生物，只要能採到標本的，都搬到了課堂裏。無法採到的植物，袁隆平便想方設法弄來實物圖。有些圖特別小，放在黑板上同學們幾乎沒法看清。這一點也難不倒袁隆平，他請助手們幫忙，找來幻燈，將白紙釘在牆上，用幻燈將圖畫的輪廓投影到紙上，再用鉛筆在白紙上細緻勾畫。一張小小的圖畫就這樣被精確地放大了。他獨創的擴圖法被其他老師競相仿效。

在袁隆平的影響下，學校裏一度掀起了生物研究的熱潮。幾乎每個班都成立了研究小組，經常開展各種各樣的活動。

這種提倡手腦並用，實踐出真知的學習方式影響了學生們。很多學生對生物學產生了濃厚的興趣，他們扔掉枯燥呆板的課本，把廣袤的大自然當成最好的課堂，貪婪地吸吮著來自大地的厚重的知識養份。

袁隆平向校長提議，在教室走廊和校園其他合適的地方安放玻璃盒，內裝學生親手採來的昆蟲標本，把課堂知識的學習與實踐結合起來。

這些毫髮畢見的標本在校園裏引起了轟動。每到下課，標本盒前人頭攢動，只見一片嘖嘖稱奇聲。一位叫鍾敦禮的學生因此對昆蟲分類產生濃厚興趣，改學植物保護專業。多年以後，憑藉著在學校裏打下的扎實的基礎和長時間的細緻觀察，他從事的褐飛虱研究在國際上引起了轟動。一位叫毛金玉的同學週末去鎮上買了幾兩蕎麥種子，播種到一小塊開墾的荒地裏，從播種到發芽、長葉、開花、結實，一天一觀察，三天一記錄，遇到疑難問題就一頭扎進圖書館。最後，他將自己的試驗所得編寫成一本科普讀物，在出版社出版了。

這批學生是中共建政後招生並培養出來的第一批到基層工作的專業農技人才。他們離開學校後，像蒲公英的種子一樣撒向天涯海角，深深地扎根大地。

有時候，大大咧咧的袁隆平卻心思細膩。班上有個叫楊楚書的男孩，個頭高，愛體育，籃球、足球等樣樣拿手，奇怪的是學校的比賽他從來不參加，誰勸他去他就臉紅脖子粗地跟人急。袁隆平悄悄地觀察了一段時間，發現了一個令人心酸的祕密。這個高個子男孩家境貧寒，連件運動服都沒有，個頭長得快，幾年前的長褲穿在身上就成了七分褲。十六七歲正是敏感的年紀，自尊心強的他寧願捨棄心愛的比賽。

這天放學後，楊楚書在走廊上和袁隆平撞了個正著。袁老師一把逮住他，將一條嶄新的白洋布運動褲塞進他懷裏。「這該死的褲子我穿太長了，有一回還踩到褲腳，狠狠地摔了一跤。哈哈，我瞅著你個子高，也就你能穿。」少年心頭一熱，還來不及道一聲謝，袁老師早就大笑而去。

袁隆平似乎有火眼金睛，果然料事如神。後來，體育比賽場上，總是活躍著一個穿著白色運動褲的男孩。體育老師很好奇，袁老師用什麼妙計說服了這個像強牛般倔強的男孩。袁隆平祕而不宣，開懷大笑。這件事令楊楚書銘記終生。在那個物資匱乏的年代，它的意義遠遠超過了一條褲子。它讓一個內心熱愛體育的少年，有勇氣站在人群中間，展示自己的青春活力。

袁隆平業餘拉小提琴，引起了同學們的好奇。一天晚上，幾個男生推推搡搡地來到了袁老師的宿舍門口。

「幹什麼呢，神祕兮兮的？」袁隆平問。

李俊傑被大家推到前頭，這個靦腆的大男孩撓了撓腦袋，不好意思地說：「我們想跟您學拉小提琴。」袁隆平笑了，轉身取來小提琴，往他手裏一塞：「你拉拉看。」

李俊傑折騰了好一陣，愣是連半點聲音都沒弄出來。

「唉，想當年我剛碰到小提琴，至少還是拉出了幾聲嘶啞的公雞慘叫聲啊。」袁隆平搖搖頭，大家都笑了。笑聲未落，一聲嘶鳴響起，李俊傑把小提琴拉出聲音來了。

從那以後，這一幕時常在袁隆平的房間裏上演。過了好一段時間，李俊傑終於艱難地拉出了〈在那遙遠的地方〉和〈小夜曲〉。

在此後的班會活動上，小提琴演奏成了毫無懸念的曲目。學校的聯歡晚會上，大家甚至像模像樣地上演了一場小提琴伴奏歌唱演出：李楚甲和謝長江演唱，李俊傑用小提琴伴奏。偶爾，袁隆平在台下的掌聲中走上台去，也拉一首曲子。

這可是當年罕見的西洋樂器，在窮鄉僻壤的湘西，別說聽人拉，很多人見都沒見過。班上會拉小提琴的男孩頓時「身價倍增」，時常被請到別班去表演一曲。

那些年，袁隆平在教好專業課的同時，始終把注意力放在對專業知識的鑽研學習上，他想在農業研究上做出一些成績來。

根據蘇聯學者米丘林、李森科的理論，他嘗試進行無性雜交的試驗，把月光花嫁接到紅番薯上，希望地下長出紅番薯，籐上的月光花也能結出籽，可以作為繁殖下一代的種子；又把番茄嫁接到馬鈴薯上，希望地下長出馬鈴薯，莖上結滿番茄；還把西瓜嫁接在南瓜上，希望得到新型的瓜種。這些試驗的目的，是為了獲得優良的無性雜交品種，提高農作物的產量。

長年在田地裏做試驗，袁隆平被曬得皮膚黑黑的，同事們給他取了個「剛果布」的外號。他那樂觀自信的笑容，也被同事們稱為「『剛果布』的笑容」。

袁隆平的試驗地裏，嫁接的作物存活了，長勢不錯。只是月光花與紅番薯的生長期不完全同步，為了達到讓月光花在短光照下結籽的目的，袁隆平把自己的床單和被單用墨水塗黑，拿來給試驗作物遮光。周圍有的人見了感到很可惜，說他是個「敗家子」。試驗的初步成果出來了：紅番薯地裏，根下長出大紅番薯，籐上的月光花結出了「紅番薯種子」；另一塊地裏，土裏挖出了馬鈴薯，莖上結了番茄！

收穫的時候，許多人都跑來看稀奇。當地報紙的記者也來採訪，報導寫得鼓舞人心，這件事成了一條引人注目的新聞。

學校為此感到很高興，覺得袁隆平為安江農校爭了光，推薦他去參加全國農民育種家現場會。

袁隆平到長沙參加會議，心裏卻悶悶不樂。他清楚自己的那個試驗才進行了一半，還不能判斷是否成功。

第二年，也就是一九六一年，袁隆平把月光花結的「紅番薯種子」播到試驗地裏，長出的苗和以前的月光花苗沒有什麼不同，但正像他所擔心的那樣，嫁接出來的種子不能把上一代的優良性狀遺傳下來，試驗以失敗告終。

袁隆平陷入思索之中，對米丘林、李森科的學說產生了懷疑。課堂上，他對學生講了試驗失敗的事實，並把學生帶到試驗地裏，告訴大家：科學是老老實實的學問，來不得半點虛假，不能被別人的讚揚所迷惑，更不能欺騙自己。袁隆平決定深入研究各種學說，包括在西方流行的孟德爾和摩爾根的遺傳理論。

孟德爾是十九世紀奧地利的一位生物學家，他通過豌豆雜交發現了生物的遺傳法則，創立了遺傳基因學說。摩爾根是二十世紀初美國的生物學家，在孟德爾學說的基礎上，進一步發現了基因染色體的遺傳規律，獲得了一九三三年諾貝爾生理學或醫學獎。他們的學說當時並沒有得到社會主義國家學術界的認可。

袁隆平靜下心來，決心重新尋找新的課題和思路。

飢餓的啟示

三年困難時期，糧食限量供應，肉類食品更是少見，學校食堂裏做的是雙蒸飯，裏面加了蘇打，經過兩次蒸煮，米飯的體積增大了許多。剛吃完飯時，感到肚子被撐得很飽，可是很容易就消化了。

袁隆平和幾個同事就把自己種在菜園裏還未長大的小蘿蔔扯來，又弄了一些紅番薯，煮了一大盆，用來充飢。

這幾年的艱辛也在袁隆平心靈上留下深刻的烙印，他決心在農業研究上做出成績來，培育出好種子，提高產量，讓人們不再餓肚子。

不久後，他帶著四十多名農校學生到黔陽縣硤州公社秀建大隊參加生產勞動。一天，房東老鄉冒雨挑著一擔稻穀回來。他告訴袁隆平，這是他從另一個村子換來的稻種，這個品種的產量要高一些。

老鄉還說：「施肥不如勤換種。」

袁隆平從老鄉的言談中再次認識到：改良品種對提高產量有著重大意義。

一九六二年，袁隆平從《參考消息》上看到一條消息：英美遺傳學家克里克和沃森根據孟德爾、摩爾根的學說，已研究出遺傳物質的分子結構模型，即去氧核醣核酸（DNA）分子雙螺旋結構，從而使遺傳學研究進入了分子遺傳學。實際上他們的這項研究結果在一九五三年就已公佈於世，直到一九六二年才獲得了諾貝爾獎。

結合自己的研究實踐，袁隆平感到有許多困惑。他對待專業上的疑問從來是抓住問題不放鬆，想方設法找答案。

這年暑假，袁隆平決定到北京瞭解最新的訊息資料，拜訪有關的專家，以解開心中的疑問。他從安江坐上汽車，在塵土飛揚的馬路上顛簸幾個小時，到了懷化；再搭上火車，經過十多個小時的旅途，到達湖南省會長沙；又從長沙乘火車，經過二十多個小時的旅程，一路風塵僕僕地到了北京。他在旅途中睏了就在座位上打會兒瞌睡，餓了就掏出背包裏帶的餅乾吃。

袁隆平去北京農業大學（現為中國農業大學）請教專家，在中國農科院圖書館裏閱讀到許多在基層無法找到的外文資料。他從一些學報上瞭解到，遺傳學不僅在理論上取得重大突破，在生產實踐中也取得了明顯效益，美國、墨西哥等國家的雜交高粱、雜交玉米、無籽西瓜等試驗獲得成功，早已廣泛應用於生產，只剩下水稻的雜交優勢利用技術尚未取得重大突破。

袁隆平陷入深深的思索之中。他看到李森科學說解決不了的問題，孟德爾、摩爾根學派的學者卻解決了。他在相輝農學院時認真鑽研過孟德爾、摩爾根的學說，現在他再一次被他們的經典遺傳學理論深深吸引。

袁隆平當時只是一個普通的山區農校教師，心中卻裝著一個關係到人類生存的重大問題。

這一次遠行，對他以後的研究事業具有非同尋常的意義。

後來在回顧早期從事研究的坎坷經歷時，他感慨地說：「幸虧我覺悟得早，如果老把自己拴死在一棵樹上，也許至今還一事無成。」

袁隆平跳出了原來的小圈子，決心踏上更加廣闊的探索之路。

發現「天然雜交稻」

一九六〇年七月，袁隆平有過一次令人驚喜的發現。

那天上完課後，他拿著教科書直接走到校外的早稻試驗田邊。稻田裏，金黃的稻穗已經垂下，豐收在望。

突然，袁隆平被一株「鶴立雞群」的水稻植株吸引住了。它在稻叢中格外顯眼，長得特別高大，株型優異，穗大粒多。

袁隆平立即走下田埂，踏進稻田裏湊近去觀察，伸手輕輕捧起稻穗。

他數了數那株水稻的穗數，又細心地數了每枝稻穗上的穀粒數。這株水稻有十餘穗，每穗有壯穀一百六七十粒。

當時一般品種的水稻稻穗一般只能結一百粒左右稻穀，這株奇異的水稻穗數和穀粒數量遠遠多於一般的稻株。

這真是一株不同尋常的水稻！

袁隆平心情激動，趕緊找來布條，給這株特殊的稻子做上記號。他想，這說不定就是自己要找的優良品種。

收割的時候，他特地把這株稻子結的金燦燦的穀粒單獨收藏起來，留作試驗用的種子。

第二年春天到來了，田野裏傳來一陣陣布穀鳥的叫聲。

袁隆平滿懷希望地把試驗種子播在田裏，指望能長出一壟植株壯碩、穗大粒多的稻子。每天上完課，他就往試驗田裏跑，一邊照料那些稻子，一邊觀察它們細小的變化。

夏季的一天，突然響起震天動地的炸雷聲，接著下起暴雨。人們紛紛四處躲雨，只有袁隆平往雨裏跑，同事們以為是炸雷讓他受到驚嚇，趕緊跟去。原來他是跑到試驗田裏，去照料他的試驗稻。

那片稻子一共有一千零二十四株，每一株他都非常熟悉，都是他的希望和寶貝。隨著稻子的生長發育，袁隆平的心情愈來愈沉重，感到很失望。它們長得高的高，矮的矮，從授粉、抽穗到成熟，有的早，有的遲……比起去年那株奇異的稻子，眼前這些稻子顯然優勢完全退化了。

袁隆平看在眼裏，心裏很沮喪。他拍拍褲腿上的泥土，準備離開。忽然，一個念頭像閃電般地照亮了他的大腦。他想起了孟德爾、摩爾根的遺傳學理論，用其中的分離律來看，純種水稻品種的第二代是不會有分離的，只有雜種第二代才會出現分離現象。照此逆向推理，眼前的稻子發生了分離，那麼，去年那株穗大粒多的稻子，就應該是一株雜交稻。

可是，那株雜交稻從何而來呢？

「天然雜交稻！」袁隆平興奮不已地斷定。

經過認真分析，他肯定了自己的判斷。那株穗大粒多的稻株是「天然雜交稻」的雜種第一代！它只有一種形成的可能，就是在自然環境下天然雜交而成。

他激動地想，如果能探索出水稻天然雜交的祕密，找到水稻天然雜交的規律，就一定能培育出人工雜交水稻。這樣就能大幅度提高水稻的產量。

花了兩年時間獲得了這一寶貴的啟示，他高興得跳了起來。

他又走進試驗田，仔細觀察研究。高的、矮的、早熟、遲熟……他把高低不齊的分佈情況一一弄清楚，把每枝稻穗結的穀粒數都數出來，並且做了詳細的紀錄。回到宿舍，他反覆統計運算。結果證明，他所觀察到的現象完全符合孟德爾的分離律！

袁隆平決心把研究雜交水稻作為自己的研究課題。

他對這一課題的難度是有清醒認識的。早在一九二六年，美國人瓊斯發現了水稻雄性不稔（不育）現象。二十世紀五〇年代，日本科學家就開始研究雜交水稻，美國、菲律賓的國際水稻研究所也在從事這項研究。儘管他們擁有先進設備，有充足的研究經費，有眾多的科學家組成研究團隊，但研究進展緩慢，並未取得突破性成績。

國際上的水稻專家經過多年的探索，都在這道難題面前碰了壁。他們得出結論：水稻屬於「穎果植物」，一朵花只結一粒種子，雜交優勢很難利用，育種尤其困難，無法應用於生產。

雜交水稻研究是一道世界公認的科學難題！

袁隆平認為，中國是古老的農業國，有著豐富的水稻種質資源，有著遼闊的國土和充足的溫光條件。他想，外國人沒有做成功的，難道中國人就不能把它做成功嗎？

他決心勇敢地探索下去。

要解世界難題

水稻的發源地在中國南方，遠古的河姆渡人就已經種植水稻了，距今已有七千多年的種植歷史。

後來，水稻的種植不斷向北和向高海拔地區發展，使原來生長在南方的秈稻不斷分化，形成現在眾多的水稻品種。按稻穀類型分，有秈稻、粳稻；按米質黏性來分，有糯稻、非糯稻；按生育期長短來分，有早稻、中稻、晚稻；按栽培制度分，有單季稻、雙季稻、再生稻等。

袁隆平從那株穗大粒多的「天然雜交稻」看到了雜交的優勢，國外對雜交玉米、雜交高粱的成功試驗，使他堅定了繼續研究雜交水稻課題的決心。

雜交水稻是通過不同的水稻品種進行雜交而產生的。水稻是自花授粉作物，一般水稻都開雄花和雌花，自花授粉，結出穀粒。

要進行兩個不同稻種的雜交試驗，先要把一個品種的雄蕊殺死（專業術語叫作「去雄」），然後將另一品種的雄蕊花粉授給去雄的品種，這樣結出的穀粒才是雜交水稻。可是，如果用人工方法在數以萬計的水稻花朵上進行去雄授粉，工作量極大，效益將很差。人工去雄的方式根本不可能解決實際生產需要的大量稻種。

袁隆平借鑑國外雜交玉米、雜交高粱的成功試驗，查找資料，進行田間調查，苦苦地設計著解決試驗難題的具體方案。

他首先要找到一種雄花發育不好、不能自花授粉的「雄性不育株」作為雜交試驗的材料。它的雄蕊瘦小退化，靠自己的花粉不能受精結籽，而必須依靠另一品種的雄花進行雜交才能結籽。

如果找到「雄性不育株」，就用它做母本。把其他品種的水稻和它栽種在一起，為它提供雄花授粉。這樣才能進行雜交水稻試驗。

為了不使母本斷絕後代，要給它找兩個雜交對象。

這兩個對象的特點各不相同：第一個對象外表極像母本，但有健全的花粉和發達的柱頭，用它的花粉授給母本後，生產出來的水稻具有雄性不育的特徵。它長得和母親一模一樣，也是雄蕊瘦小退化，沒有生育能力的母本。另一個對象外表與母本截然不同，一般要比母本高大，也有健全的花粉和發達的柱頭，用它的花粉授給母本後，生產出來的水稻具有雄性可育的特徵，長得比父本母本都要健壯。這就是我們需要的雜交水稻。

一個母本和它的兩個雜交對象，人們根據它們各自的不同特點，分別起了三個名字：母本叫作「不育系」，它的兩個對象，一個叫作「保持系」，另一個叫作「恢復系」。它們被簡稱為「三系」。

經過精心設計，解決難題的方案形成了：利用水稻雄性不育性，培育出「不育系」、「保持系」和「恢復系」，通過「三系」配套的方法代替人工去雄雜交，來產生大量的雜交種子。

「不育系」、「保持系」和「恢復系」，缺一不可，必須互相配套，珠聯璧合，才能達到成功培養雜交水稻的目的。這就是他構想的「三系法」雜交水稻。

袁隆平構想，雜交水稻試驗分三步走。

第一步：尋找天然的「雄性不育植株」。這是培育「不育系」的基礎。

第二步：篩選和培育「保持系」。用它和雄性不育系雜交，後代永遠能保持雄性不育的性狀。

第三步：篩選和培育「恢復系」。它和雄性不育系雜交，得到的種子長出禾苗後，恢復雄性可育的能力，能自交結實，增產優勢顯著。這就是大面積生產需要的雜交水稻。

按照這個思路，首先要找到天然的水稻「雄性不育株」，作為育種材料。

袁隆平從那株「天然雜交稻」推斷，「雄性不育株」肯定是存在的，它的特點是發育不好，雄蕊呈現病態。他決心要把它找出來。

可是，怎樣才能找到天然的「雄性不育株」呢？這個「雄性不育株」他從來沒見過，中外資料上也從來沒有登過照片，要在成千上萬畝水稻田裏找一株特殊的稻穗，無異於大海撈針。

袁隆平不怕艱難，他走進茫茫綠海的水稻王國，開始尋找起來。

尋找病態的雄花

一九六四年夏天，驕陽似火。安江農校的試驗田裏迎來早稻揚花的季節，水稻正在陽光照射下吐穗揚花。

袁隆平走在稻田裏，一壟一壟地尋找著。他一手拿著鑷子，一手握著放大鏡，不時地停下來，用放大鏡觀察揚花的稻穗。他移動身子的時候，放大鏡的鏡片偶爾反射著陽光，閃動著斑斑亮點。

他看到的所有稻穗都開出正常的花朵，雄花和雌花都很健全。他要尋找的「雄性不育株」偏偏是不正常的稻穗，它的雄花是病態的，是不能授粉結籽的。

一天過去了，又一天過去了，袁隆平還是一無所獲。汗水浸溼了衣服，太陽曬得胳膊脫了皮，他仍然堅持不懈地尋找著。到了第八天，他改變了尋找的戰術，決定一穗一穗地觀察。這樣，勞動強度更大了。他心裏清楚，稻穗揚花就十多天的時間，錯過這個季節，又要等到明年。儘管氣溫持續升高，頭頂烈日蒸騰，腳下的爛泥巴都曬熱了，袁隆平仍然在堅持不懈地尋找著。

那種退化了的水稻不孕雄花到底是什麼樣子，當時國內還從來沒有人見過，書上也從來不曾有過圖片或文字介紹過，袁隆平也沒有看到過。

他從理論上推斷，堅信安江的稻田裏一定存在這種不孕雄花。然而要從數不勝數的稻穗中把從未見過的不孕雄花找出來，真是談何容易！那「養在深閨人未識」的雄性不育株，到底是一副怎樣的真面目呢？

袁隆平知道，外國人從事玉米、高粱雜交都是從找到了「雄性不育株」才打開了突破口。無論有多麼困難，他一定要找到水稻中的「雄性不育株」。

忽然一陣暈眩，兩眼直冒金星，雙腿酸疼得邁不動步子，袁隆平意識到自己中暑了。他掙扎著爬上田埂，來到苦楝樹下，取下掛在樹上的水壺，喝了幾口水，吃了幾片清涼片，休息了一會兒，才緩過氣來。

這時，他的妻子鄧哲到田邊給他送茶來了。三十四歲的袁隆平在這年春節剛結婚，妻子鄧哲是他以前教過的學生，現在成了他研究上的助手。他們結婚的時候，袁隆平對當時叫鄧則的妻子說：「妳的名字『則』在四川話裏與『賊』同音，我給妳改成『哲』，怎麼樣啊？」從此，妻子就改名為鄧哲了。

鄧哲看著袁隆平辛苦的樣子心痛不已。她也挽起褲腳，下到水田找起來。日復一日地觀察尋找，袁隆平和鄧哲體會著「大海撈針」的艱難。

他們堅持尋找了十六天，日曆翻到了七月五日。袁隆平在一塊洞庭早秈品種的田裏尋找著。突然，他的目光在一株性狀奇特的植株上停住了。那株水稻的稻穗上，大多數穎花的花藥不開裂，雄蕊瘦弱寡白，發育不全。

「這不是退化了的雄花嗎？」袁隆平驚喜極了。這麼多天以來，他還是第一次見到這樣奇異的雄花。

正常的水稻開花，穎花張開，雌蕊較小，雄蕊卻壯觀漂亮，蕊上佈滿鮮黃色的花粉，一有風吹就把花粉撒到雌蕊上，讓雌蕊受粉，從而繁殖出種子。但這一植株上的稻花，雄蕊個個瘦弱寡白，除了花藥不開裂的特徵，震動也不散粉。這樣的雄蕊，基本上可以斷定是不能生育的。

袁隆平看了又看，用放大鏡仔細觀察，那確實是病態的雄花。他用紅布條在這株稻子上做了標記，並採集了花藥，帶回去做實驗。

夜裏，在實驗室的燈光下，袁隆平用鑷子取出一些花藥，放在顯微鏡的載玻片上，再用鑷子將花藥壓碎，調好焦距，仔細觀察，證實了白天的觀察判斷。那些發育不全的雄花花粉很少。

他又取了一支吸管，從盛著碘化鉀液的玻璃皿中吸了一點兒碘化鉀液滴在載玻片的花粉上，然後再從顯微鏡中仔細觀察。這是採用碘化鉀染色法進行實驗。一般正常的花粉，在這個實驗中呈藍色反應。可是過了許久，仍不見花粉與碘化鉀液產生化學反應。這證明它的化學性質與正常花粉不一樣。袁隆平充滿了信心，得出了科學的結論：他找到的這個奇特的植株，確實是一株貨真價實的「雄性不育株」。

袁隆平激動不已，簡直欣喜若狂。他苦苦找了三年，這次連續尋找了十六天，終於在茫茫的一般水稻中找到了「雄性不育株」。他用智慧和辛勞的汗水，獲得了開啟神祕的水稻王國大門的第一把鑰匙！

他在筆記本上記下：

第一株水稻天然雄性不育株

發現時間：一九六四年七月五日午後二時二十五分

發現地點：安江農校水稻試驗田

水稻品種：洞庭早秈

不過，袁隆平覺得這一發現還過於偶然和單薄，用它還不足以說明問題。他還要找到更多的天然雄性不育株，對它們的病態、病因進行分類和科學統計，總結出規律來。

一九六五年和一九六六年，連續兩年的水稻揚花季節，袁隆平和妻子鄧哲繼續在稻田裏艱苦地尋找。他們前後共檢查了一萬四千餘個稻穗，又找到了五株「雄性不育株」。試驗測算表明，水稻的雄性不育的發生機率為大約三千分之一。稻子成熟時，他們採收了那些「雄性不育株」上自然授粉的種子，留作試驗材料。

袁隆平找到「雄性不育株」，標誌著中國雜交水稻研究的開始。那時候，菲律賓、美國、印度和日本的水稻育種試驗已經啟動。

而中國的袁隆平，在沒有任何研究機構支持，沒有任何研究經費和捐款的情況下，在資訊不暢、條件簡陋的偏僻山區，孤身一人，與國際上研究經費充足、研究機構齊全的育種專家，同時站到了科學研究競賽的起跑線上。他走上的道路將是一條充滿艱辛的科學研究之路！

寫出第一篇論文

袁隆平把那些種子視為珍寶，含辛茹苦地加速繁殖。他親自耕地、播種、施肥，仔細觀察它們在每個生長發育階段的細微變化，並一一做了詳細紀錄。對其中成熟早的，當年就將部份種子進行「翻秋」播種，繼續試驗；其餘的種子在次年春播，進一步觀察研究。

經過兩個春秋的栽培試驗，袁隆平對水稻雄性不育材料有了較多的感性認識。這時候，妻子鄧哲給了他一個天大的喜訊：他快要當爸爸了！真是雙喜臨門。

為了加速試驗，袁隆平打算自費買六十個大瓦盆。他一心撲在水稻雜交研究上，對家裏的經濟狀況並不瞭解。結婚後一直就是一家四口，岳母和妻子的侄兒也和他們一起生活，兒子又即將出生，家裏哪裏拿得出買試驗盆的錢呢？

袁隆平體諒家裏的難處，自己另想辦法。他帶著學生從窯廠的廢品堆裏撿出一些缺邊燒歪的瓦盆，用板車拉回來。就這樣，他開始了盆栽試驗。

「何苦在這些瓦盆之間折騰呢？」幾個和袁隆平關係不錯的同事見了，帶著勸誡的口氣說：「往菜地裏多花點功夫，長出的蔬菜還能吃。你把時間都花在這些禾苗身上，到底有多大的希望？也許還會惹來麻煩，到時候說都說不清楚。」

袁隆平知道，他們可不是故意潑冷水，其實話裏包含著深厚的友情和善意。但是他覺得，即使有百分之一的希望也應該抓住它，看它能不能變成百分之百的現實。若是失敗了也怨不得別人，如果不嘗試到底，那才真叫沒出息。袁隆平樂呵呵地笑起來，撇開話題說了幾句開玩笑的話，把他們送走，又繼續照料和觀察自己的試驗禾苗。

一九六五年秋天，盆栽試驗結果顯示，天然雄性不育株的人工雜交結實率可高達百分之八十甚至九十以上。經雜交繁殖出來的後代，有的繼續保持了其母系親本的雄性不稔特性。

這些試驗表明：水稻的雄性不稔特性可以遺傳，這個發現讓袁隆平非常興奮。他想，利用水稻雄性不稔特性的遺傳效應，完全有可能通過少量的天然雄性不育株，培植出一個龐大的雄性不育系。這就為人工進行雜交育種提供了可能性。

袁隆平深受鼓舞，試驗證明了他的設計沒有錯，利用雜交優勢獲取優質稻種的理念有了堅實的現實基礎！

一九六五年十月，經過一番思考，他把兩年來獲得的科學數據進行分析整理，寫出第一篇關於雜交水稻的重要論文〈水稻的雄性不孕性〉。

他寫道——

水稻具有雜種優勢現象，尤以秈粳雜種更為突出，但因人工雜交製（育）種的困難，到現在為止，尚未能利用。顯然，要想利用水稻的雜種優勢，首先必須解決大量生產雜種的製種技術。從晚近作物雜種優勢製種的研究趨勢和實際成果來看，解決這個問題的有效途徑，首推利用雄性不孕性。

……

這篇文章用科學的數據詳盡地論述了水稻具有雄性不孕（育）性，還進一步預言：通過進一步選育，獲得「不育系」、「保持系」和「恢復系」，實現「三系」配套，利用雜交水稻優勢，帶來大幅度的糧食增產。

這是中外第一篇論述水稻的雄性不育性的論文，標誌著中國雜交水稻研究邁開了的第一步。

一九六六年二月，袁隆平這篇論文發表在中國科學院的院刊《科學通報》第十七卷第四期上。

當時的中國國家科學技術委員會認為這項研究對國家的水稻生產具有重大價值，就給湖南省科委和安江農校發了公函，責成他們大力支持袁隆平的研究工作。論文發表在國家最權威的科學刊物上，這時袁隆平三十六歲了。

五一節那天，袁隆平當爸爸了。妻子鄧哲生下一個兒子，他喜孜孜地給兒子取名為「五一」。他沒有多少時間待在家裏照顧母子倆，那些試驗盆裏的禾苗等著他去照料。

試驗遇到了阻礙

安江農校試驗園邊的空地上，擺放著幾十個瓦盆瓦缽。缽盆裏長著一株株青翠的禾苗，那是袁隆平用來培育禾苗的試驗盆。有個年輕人經常出現在那裏，看到盆裏水乾了，提桶子打了水來，往盆子裏添上水。他叫尹華奇，是袁隆平擔任農作物二十三班班主任的學生，二十三歲。他用功勤奮，喜歡參加課外的各種試驗。尹華奇對袁老師的雜交水稻研究產生了很大的興趣，開始給袁老師當助手。他手腳勤快，學習意願高，深得袁老師的喜愛。

尹華奇跟著袁隆平做盆栽水稻試驗，引起了同學李必湖的注意。他比尹華奇小兩歲，人很機靈。他好奇地打聽：袁老師的試驗有什麼奇特之處？

尹華奇告訴他，這個試驗目前還看不出有什麼奇特，不過，袁老師寫的論文刊登在中國科學院的刊物上。

李必湖也想跟著袁老師好好學。他是農作物二十四班的，擔心袁老師不收他。他大著膽子找到袁隆平，自告奮勇地說：「袁老師，我想給您做徒弟，和尹華奇一起參加水稻試驗。」

袁隆平笑著說：「給我當徒弟要吃得起苦啊，緊張的時候，星期天都沒得休息。你怕不怕？」

「苦算什麼?從小到大什麼樣的苦我沒吃過?說實話，我到了學校，才知道有星期天。」李必湖憨厚地回答。

「呵!決心不小。不過，這可不是一天兩天的事，這是個纏磨人的事，你不要到時後悔呀!」

「我不會後悔的。」李必湖趕緊說。

「做這個試驗很辛苦，也不能多拿工資，又吃苦又吃虧哪!」袁隆平還是不放心地補了一句。李必湖態度堅決，表示不怕吃虧，只想跟著袁老師多學知識，再苦再虧也心甘情願。袁老師高興地收下了他當助手。

從這以後，袁隆平不再是單槍匹馬研究雜交水稻了。無論是盆盆缽缽之間，還是田間地頭，都成了師徒三人探索雜交水稻奧祕的大課堂。

袁隆平看著兩個年輕的學生勤快好學，對水稻栽培試驗充滿熱情，心裏非常高興。他幾年來獨自從事的事業，現在有了兩個年輕人的熱情參與，他感受到了新的希望和力量。

面對兩個好學的徒弟，袁隆平耐心地解釋這項試驗的重要性和艱巨性。他最早發現的那株「天然雜交稻」優勢那麼顯著，一棵單株分櫱出十幾棵有效穗，每穗都有一百六十到一百七十粒壯穀。如果田裏長的都是這種雜交稻，畝產就能達五百公斤，在不增加任何投資的條件下，比現有水稻品種大幅度增產。如果能利用這種優勢，意味著每年的糧食產量翻倍增長，種田的農民就能吃飽肚子，不再挨餓了。

袁隆平還告訴兩個徒弟，玉米、小麥、高粱的雜交優勢已被國外廣泛應用於大面積生產，水稻雜交也應該有辦法做到。尹華奇和李必湖聽了，感到眼前這幾十個盆盆缽缽裏的禾苗變得不同尋常起來。那細小的綠色禾苗承載著袁老師讓老百姓吃飽肚子的樸素希望。他們決心跟著袁老師探索雜交水稻的奧祕。

在最艱難的歲月裏，袁隆平也曾遭遇風暴，他把做試驗的秧苗悄悄藏進果園的臭水溝裏，繼續他的水稻試驗。後來才知道，是中國國家科委發出的公函對袁隆平和他的雜交水稻研究起到了保護作用。

由於得到國家科委的保護，袁隆平的試驗禾苗最終得以離開臭水溝，可以光明正大地繼續栽培了。湖南省科委考慮到這項科學研究的重要性，決定將「水稻雄性不育」課題正式列入省級科學研究項目，撥給研究經費六百元，還同意尹華奇、李必湖留校當袁隆平的助手，師生三人組成水稻雄性不育研究小組。

一九六八年春天到來了，那些躲藏在臭水溝裏大難不死的秧苗經過他們反覆培育，已經發展成為兩分地的試驗田，秧苗插在中古盤七號田裡。秧苗插下去半個多月了。袁隆平滿懷希望，風雨無阻，天天騎著輛自行車在學校與試驗田之間來回奔波。

袁隆平每次走進中古盤七號田，總是貪婪地呼吸著田野的氣息。他看著那些迎風搖動的秧苗，感悟到了一種美好和安寧。那每一片稻葉，每一株纖塵不染的水稻彷彿會說話，會唱歌，聽得懂自己心裏的呼喚。田野上的風一陣陣從禾苗上吹過，那層層綠波和輕輕風聲把所有外界的煩惱趕得遠遠的。

師徒三人精心照料著田裏的禾苗，覺得它們長得太慢。他們希望禾苗快點長大抽穗，快點開花結實，好讓他們加速繁殖培育的進度。

五月十八日，這天正是週末。兩個徒弟暫時離校了，袁隆平獨自管理秧苗。傍晚，他和平日一樣，在試驗田邊走了一圈又一圈，仔細觀察秧苗的生長情況。秧苗移栽到水田已經半個多月，經過精心培育長勢喜人。七十多塊標記小木牌挺立在秧苗旁，彷彿是站崗的哨兵。袁隆平做了觀察紀錄，天快要黑才回家去。

第二天，袁隆平吃過早餐，騎上自行車去了試驗田。來到田邊，眼前的景象使他大吃一驚：昨天傍晚還好端端的秧苗，只過了一夜全部被拔光了，一蔸不剩。試驗田裏佈滿了亂七八糟的腳印。天哪，經過兩年多努力，流了多少汗水，用撿來的幾根秧苗培育出來的這些試驗材料，再次遭到了滅頂之災！

袁隆平只覺得腦子裏轟的一聲，渾身發抖，兩眼發直，感到天旋地轉。他的心像被利劍刺穿，腦袋像被悶棒打中。試驗材料被毀，雜交稻的研究難道就這樣斷送了？

在泥地裏呆坐了許久，他回過神來，含著淚水，忍著悲憤，走進爛泥巴田裏，尋找劫後餘生的秧苗。在田埂邊的汙泥裏，他發現了半埋著的五根秧苗，就連泥帶根把它們抱回家，插在試驗盆裏。

袁隆平不甘心，還在四處尋找失蹤的秧苗。案發後的第四天，他在一口井裏發現了一些浮在水面的秧苗，撈上幾根一看，果然是他的試驗秧苗。他不顧井深水冷，撲通一聲跳下井去，可是無法撈到沉到井底的秧苗。學校派人抬來了抽水機，把井水抽乾，撈出了井底的秧苗，但已經全部漚爛了。

「五一八毀禾事件」是一宗蓄意的惡性破壞事件，純粹是想阻止袁隆平的試驗，不讓他的研究成功！儘管報了案，但這個人為的破壞案件一直沒有查出結果，成了至今未破的一樁謎案。袁隆平感到痛心，卻一如既往地照料著那幾根搶救出來的秧苗。

追著季節去育種

袁隆平不辭辛勞培育著試驗禾苗。在那些讓他感受痛苦而又堅守希望的歲月裏，世界各國的經濟、科技和教育正在發生著全新的變化。

一九六一年，蘇聯太空人加加林乘坐太空船飛離地球，進入太空，人類完成了文明史上的又一次飛躍。

一九六九年，美國的「阿波羅十一號」飛船登月成功，人類首次踏上月球。

就在這一年，美國第一個阿帕網連接建立並投入使用。經過幾年嘗試運行後，發展出了網際網路。這一全新的訊息傳播系統的建立和發展標誌著知識經濟的悄然崛起。

也是在一九六九年，美國湖濱中學率先開設電腦課。當時電腦還是很稀奇的東西，該校學生比爾·蓋茨和他的同學編寫出了登月遊戲軟體。

中國鄰近的亞洲國家，包括戰敗的日本，在戰後初期都是經濟落後與貧困的國家，但從二十世紀六〇年代以來經濟迅速增長。日本專心從事經濟建設，加強教育事業的發展，創造了經濟起飛的奇蹟。一九六八年，日本一躍而成為僅次於美國的世界經濟大國。這個資源貧乏的島國在二十年內超過了大多數西方已開發國家，表現出巨大的經濟活力。

亞洲「四小龍」隨即崛起。「四小龍」經濟基礎本來很薄弱，屬於開發中國家或地區，二十世紀五〇年代人均國民生產總值不過幾十到幾百美元。「四小龍」的經濟起飛始於二十世紀六〇年代，到七〇年代初經濟加速發展，一直保持較高的增長速度。

中共建政後的幾年，在「自力更生、艱苦奮鬥」精神的鼓舞下，中國經濟迅速恢復，出現了良好的發展局面，並不遜色於周邊國家的發展水準。農業是經濟的支柱，袁隆平期盼雜交水稻試驗可以順利進行，早日取得進展，中國不能錯失經濟騰飛的良機。

一九六八年秋天，袁隆平的「雄性不育株」水稻更代繁育工作終於有了令人欣喜的轉折。湖南省科委和省農業廳考慮到雜交水稻試驗對毛澤東提出的「以糧為綱」戰略有著重大作用，決定成立「湖南省水稻雄性不育科研協作組」，把袁隆平調到湖南省農科院去，另外再選派幾個人，一起參與研究。

袁隆平帶著兩個徒弟，跳出了雪峰山深處的安江小鎮，來到湖南省會長沙，在湖南省農科院繼續進行水稻雄性不育研究工作。

回顧過去幾年雜交育種走過的路程，總結經驗和教訓，袁隆平覺得要想加快育種步伐，不能只限於在長沙和安江兩地，而應該要到氣候炎熱的雲南和海南島去。那些地方氣溫高，每年可多繁殖一兩代稻子，能加快雜交試驗。

從此每年十月中旬，當北風帶著涼意吹到洞庭湖畔，袁隆平和助手尹華奇、李必湖就帶著這一年收穫的稻種，風塵僕僕地奔向南國育種。

一九六九年十二月，師生三人來到了雲南省元江縣。這裏位於北迴歸線的北側，仍然溫暖如春，而這時的湖南已經水瘦山寒。

他們租住在元江縣農技站的一座無人居住的平房裏，還租了農技站的水田作為試驗田，一邊浸種催芽，一邊整理田地。十二月二十九日，他們把雄性不育材料的珍貴種子浸下了水。

元旦來臨，傣族兄弟敲起了象腳鼓，迎接新年的到來。元月五日凌晨，袁隆平在睡夢中猛然驚醒。他發現身子下的床在晃動，天花板上劈里啪啦掉下石灰塊。「快起來，地震了！」袁隆平大叫一聲。

兩個年輕人醒來，趕緊提著浸了稻種的鐵桶往外跑。才過了一會兒，那座平房轟隆一聲倒塌了。天亮了，餘震不斷發生，大地仍在晃動。廣播裏報導，離元江一百五十公里的峨山縣發生了七．七級強烈地震，受到波及的元江縣，震級也在五級以上。

農技站的老支書勸他們說：「這裏是危險區，你們應該趕快離開。」袁隆平指著浸在鐵桶裏的稻種說：「種子都要下田了，我們怎麼能離開？」

他們在水泥球場裏用塑膠布搭起了一個窩棚，在水泥地上墊了幾把稻草，再鋪上一張草蓆，就成了床鋪。

種子該催芽了，他們在窩棚裏拴上一根繩子，把鐵桶裏一個個裝著穀種的小布袋撈出來，掛在繩子上。每隔幾個小時澆一次水，好讓穀種在布袋裏發芽。

又一次餘震發生了，隨著大地的晃動，掛在繩子上的小布袋不停地搖擺著。師生三人見了，相視一笑。

發了芽的稻種播在搖晃的土地上，秧苗在南國的暖風裏茁壯成長。

當時，糧食供應困難，只能拿當地的甘蔗充飢，他們三個人吃得口腔裏磨出了泡。經過四個多月的辛勤勞動，他們又繁殖了一代雄性不育的種子。

以後每年冬季，他們都像候鳥一樣飛向溫暖的南方。他們在南國的水田裏繁殖育種，加速試驗。他們把這種追著季節走的育種方式稱為「南繁」。這段生活是極其艱苦的，由於長期飲食沒規律，袁隆平患了慢性腸炎。

南繁育種，他們的足跡遍及雲南的西雙版納，海南島的黎寨和苗寨，爭取了寶貴的時間，一年抵了兩年用。

師生三人成了一支追趕季節的流動育種隊，雖然研究經費緊張，但大家目標堅定，都能吃苦耐勞。他們的身影出沒在天南地北，他們的行蹤機動靈活。

袁隆平讚美海南島是培育雜交水稻的「伊甸園」。海南島是中國第二大島，面積為三萬多平方公里，被稱為南海上的一顆明珠。島上覆蓋著大片的熱帶森林，植物種類繁多，終年常綠，樹幹高聳，樹冠參差不齊。那裏不僅風景優美，空氣新鮮，更是橡膠、椰子、油棕、劍麻、胡椒等熱帶經濟作物的重要產地。冬季的海南島光照充足，稱得上是「育種者的天堂」。

海南島優越的氣候條件可種植三季水稻。袁隆平充份利用這一氣候優勢，在十一月至來年四月，帶著兩個助手到海南島南端的南紅農場，進行雜交稻的育種和育種。每年多種一季試驗稻實際上加快了世代繁殖效應，加快了雜交繁育的速度，為早日成功贏得了寶貴的時間。

試驗中的新難題

當年的海南島，經濟還比較落後，生活條件艱苦。袁隆平和他的助手住在租來的茅屋裏，窗戶很小，屋裏光線黯淡，夜晚沒有電燈。他們以地當床，在竹竿上鋪上稻草和椰樹葉，搭成地鋪。

白天，他們在田裏工作，海南島稻田的螞蟥之多真叫他們大開眼界，落在腿上捉不過來，田野裏不時響起螞蟥的叫聲。

傍晚，他們結伴到大海裏去游泳，寬闊的海洋任憑他們暢游。

夜裏，他們點起蠟燭、煤油燈，不顧成群結隊的蚊蟲叮咬，讀書看資料，做筆記。

尹華奇在文章裏回憶，袁隆平「從浸種、播種、育秧、移栽、施肥、打藥、抽穗、雜交、選育、收種，再到播種，一道道工序，一個個環節，全都親自到位。特別是當時沒有任何現成的雜交水稻理論可借鑑，經驗只能從一季一季的失敗中去總結。除此之外，他還要去迎接那些來自傳統舊思想的挑戰」。

那時候，許多高層的專家堅持傳統的理論，對他們的雜交水稻試驗持否定的態度，認為沒有成功的希望。

袁隆平和他的徒弟不怕苦不怕累。他們每年冬季在海南島繁育一季水稻，在那裏生活四個月，過春節也不能回家團聚。

除夕之夜，師徒坐在茅草屋裏，守著一個小茶爐，每人沖一杯清茶，天南地北地神侃。為了讓兩個年輕人開心，袁隆平用武漢話、重慶話、南京話講他在不同的城市生活時發生的故事和趣事，講他看過的外國小說和電影故事⋯⋯

每逢佳節，袁隆平特別牽掛家裏。他離家在外的這些年裏，妻子鄧哲獨自支撐著一個家。當時他們夫妻的工資不足百元，要支付柴米油鹽，要照顧兩家的老人，鄧哲生活上精打細算。袁隆平遠在海南島，只能把對家人的思念寫成家書，讓書信越過千山萬水，飛抵親人手中。而他由於試驗總是達不到理想效果，不得不一次次推遲歸期。

農曆的新年開始了。他們像往常一樣，一大早就吃了早飯，赤腳踩進水田，一如既往地忙碌著。

然而，元江育種的試驗發現了新的問題：不育率沒有提高，反而由原來的百分之七十下降到百分之六十多。這到底是什麼原因呢？袁隆平陷入了苦苦的思索。

幾年裏，他們結合玉米、高粱雜交的經驗，已經用一千多個品種的常規水稻，與最初找到的雄性不育株及其後代進行了三千多個雜交試驗，始終沒能找到一個能百分之百保持不育的水稻品種。

這就表明，他們還沒有找到一個真正有用的「保持系」。這個巨大的難題讓他們感到頭痛。如果不育率達不到百分之百，「不育系」就不能算成功。袁隆平知道，「提高不育率，達到百分之百」，這是雜交水稻研究中必須達到的一個目標。

怎樣才能突破目前的徘徊局面呢？袁隆平反覆琢磨，從試驗課題的方向開始進行全面的重新論證。袁隆平緊緊抓住一點，那就是，雜交優勢是生物界的普遍規律，他認定自己的研究方向並沒有錯。可是，成功的希望若隱若現，總是遙遙無期。那麼，到底是什麼地方出現了問題呢？袁隆平感到非常困惑。

尋找新的試驗材料

夜深人靜，袁隆平久久不能入睡。他披衣起床，找出幾年來的試驗資料，從觀察紀錄到試驗報告一一翻看起來，想從中理出一個頭緒。

種種試驗，代代繁殖，像過電影一樣一幕一幕地在腦海裏呈現出來。各種各樣的疑問、構想提出來，肯定，又搖頭否定。

難道是試驗材料上出的問題嗎？袁隆平聯想到遺傳學上關於雜交材料親緣關係的遠近對雜交後代影響的有關理論，覺得問題可能就出在試驗材料上。

以前的幾組試驗情況浮現在他的腦海——

秈稻不育型種子與常規秈稻雜交，效果不好；粳稻不育型種子與常規粳稻雜交，效果也不好；而秈稻不育型種子與常規粳稻雜交，效果卻有所提高。

前兩種情況效果差，可能是所用的雜交材料的親緣關係太近，就像人類近親結婚，生下的後代不聰明一樣；後一種情況好一些，可能是所用雜交材料的親緣關係遠一些。

幾年來，他們所用的雜交材料儘管品種數量超過一千種，但都是栽培稻品種，從地理環境到生物學特性，它們之間的親緣關係還是比較近的。倘若再把雜交材料的親緣關係拉大，用一種遠緣的野生稻與栽培稻進行雜交，效果可能會更好些吧？

想到這裏，袁隆平精神大振。他提出用「遠緣的野生稻與栽培稻進行雜交」的新構想，決心不再在栽培稻裏兜圈子。

對，跳出在栽培稻裏找材料的圈子，去尋找野生稻！

袁隆平興奮地把助手們找來，講述了要走遠緣雜交道路的思路，並詳細地向他們講解野生稻的發源地、特徵。

一九七〇年秋天，袁隆平帶領助手又來到海南島的南紅農場。安頓下來，他們一邊浸種催芽，播種育秧，一邊尋找野生稻。

海南島最南部被稱為「天之涯，海之角」。那裏地處低緯度，屬熱帶海洋性季風氣候區，年平均氣溫二十五點七攝氏度，素有「天然溫室」之稱。袁隆平利用這裏良好的自然條件，在南紅農場附近建立試驗據點，租房子租水田，開展育種試驗。後來直到一九八二年，湖南省農業廳撥款兩萬元，建了一座平頂磚房，打了一口井，扯來電線裝了電燈。袁隆平的研究人馬這才有了一個固定的「家」，以後這裏逐步發展成為雜交水稻試驗基地。

這次來海南島時，李必湖喜孜孜的。原來他的妻子剛生下孩子，他做父親了。袁隆平說：「你剛當上爸爸，想孩子了吧？」

李必湖說：「還真有點想呢，要是幾個月不回去，他肯定不認得我了。」「呵呵，你們這些人哪，孩子丟給老婆一個人管。」還沒結婚的尹華奇故意逗樂。

袁隆平感到，這兩個年輕人真是太不容易了，常年拋家不顧，湖南、雲南、海南三地跑，一年裏栽培三四季稻子，比種地的農民還辛苦。真是難為他們了。說到待遇，這支育種隊一年只有三千元研究經費，兩個助手每月拿十八元生活費，每人每天給五角錢出差補助費，這就是他們全部的報酬。如果不是對雜交水稻研究的執著，對他這個老師的信任，他們何必來吃苦呢？袁隆平自己何嘗不是如此！共同的事業把他們緊緊地聯繫在一起。

南紅農場的試驗田裏播下的種子冒出了幼芽。袁隆平要到北京去查閱資料，行前交代兩個助手要照顧好秧苗，抓緊在附近進行野外調查，儘快找到野生稻。袁隆平到了北京，在中國農科院的資料室查閱外文報刊。就在這時，助手發來電報：「找到雄性不育野生稻。」他驚喜極了，連夜擠上火車，直奔海南島。

回到農場，他就來到試驗田邊，看到了比金子還要貴重的那株野生稻。它是李必湖和南紅農場的技術員馮克珊發現的。

十一月二十三日上午，他們在離農場不遠的一片沼澤地裏，找到了一片面積約零點三畝的野生稻。當時正值野生稻開花，容易識別生殖性狀。李必湖像袁隆平當年尋找雄性不育株一樣，在野生稻叢中一株一株地仔細觀察。

奇蹟終於出現了！李必湖發現了三個雄花異常的野生稻穗，它們的花藥細瘦，呈火箭形，色淺，呈水漬狀，不開裂散粉。這三個稻穗長在同一個禾蔸，是從一粒種子成長起來的不同分櫱。

李必湖和馮克珊反覆觀察，確認這是一株野生稻。他們又驚又喜，把它連泥挖起，搬到試驗田裏栽好，等待袁老師回來做最後的鑑定。

袁隆平仔細觀察後，採集了稻花樣品，放在顯微鏡下檢驗。他最終確認，這確實是一株十分難得的野生稻雄性不育株。鑑於它是一株碘敗型花粉敗育的野生稻，袁隆平把它命名為「野敗」。

第二天起，李必湖用試驗田裏僅有的一個正處在抽穗末期的秈稻品種「廣矮三七八四」與「野敗」雜交，連續四天，共雜交八個組合，六十五朵小花。因遭暴風雨襲擊，只得了珍貴的三粒種子。

一九七一年元月，他們採用無性繁殖分櫱的方法，把「野敗」插在試驗田空餘的地方，分三個地段，共插了四十六株。後來，「野敗」在試驗中顯示出巨大的優勢，正如袁隆平預想的那樣，它為雜交水稻研究打開了突破口。

談到發現「野敗」的功績時，袁隆平指出：「有人講李必湖等發現『野敗』只是靠運氣，這裏有一定偶然性，但必然性往往寓於偶然性之中。一是李必湖是有心人，是專門來找野生稻的；二是他有這方面的專業知識。當時全國研究水稻雄性不育性時間比較長的，只有李必湖、尹華奇和我，所以寶貴的材料只要觸到我們手裏，就能一眼識破。別人即使身在寶山，也不見得識寶。這就是李必湖發現『野敗』的必然性。」

李必湖在後來寫的〈袁隆平成功的內在動力和外部環境〉一文裏指出：「袁隆平充份瞭解了我國的自然條件和水稻資源……在雜交水稻研究徘徊不前的時候，他制訂出走遠緣雜交的路子，後發現『野敗』，一舉打破了雜交水稻研究的突破口，取得成功。」他還寫道：「袁隆平成功的原動力來源於人類生存和社會發展的需要，他總是把社會的需要當作自己的理想追求，把為人民謀利益作為自己的工作目標。」

美國著名農業經濟學家唐．帕爾伯格先生在他的著作《走向豐衣足食的世界》中，專門論述了袁隆平和他的雜交水稻——

李（必湖）先生在海南島能找到這種原始材料，發現其雜交價值就更為稀罕了。「野敗」植株通過雜交能把可育的雌蕊和敗育的雄蕊遺傳給後代的可能性微乎其微，由此產生的雄性不育的可能性對一個恢復基因做出響應的可能性同樣是很微小的。所有上述事件同時出現的機率，用統計學的術語來說，明顯是小機率事件。小機率事件就是偶然事件。可是這種奇蹟居然發生了。

在閱讀農業科學史時，人們一定對偶然事件的巨大作用留下了深刻的印象。安東尼・李文虎克就是在顯微鏡下，對一滴汙濁的死水的無意觀察時發現了微生物。愛德華・傑勒看到擠牛奶的女工不會染上天花便發現了接種疫苗。路易斯・巴斯德為著另外的目的，對兩缸對比甜菜漿汁的偶然觀察推進了病原菌理論的發展。亞歷山大・弗萊明偶然從霧都倫敦天空飄落在他培養皿中的一纖煙塵而發現了青黴素。賽爾曼・A・瓦克斯曼從一隻病雞喉頭取出的一塊泥土中發現了鏈黴素。麥茨和納爾遜在對近交系玉米進行正常測試時發現了含高離胺酸的玉米。S. C. 薩門偶爾在日本一個農業實驗站為博洛格高產麥田的建設覓得了一塊「基石」。這樣的例子還可以舉出很多很多。

這些發明創造的一個共同特點是，當事人不僅是親眼見到了這些事物，而且從內心領悟並很快抓住了這些事物的本質。這就是科學工作的本質。機會成就了有心人。

機會成就有心人。只有那些有準備的人，才能抓住機會。袁隆平用「野敗」作為新的雜交材料，在試驗中顯示出巨大的優勢，突破了徘徊局面，迎來了成功的曙光。

迎來攻關大協作

當時湖南省政府考慮到糧食增產的需要，要求加強雜交水稻研究隊伍的力量，爭取讓雜交水稻早日成功。一九七〇年底，湖南省農業廳派遣賀家山原種場的青年技術員周坤爐和湖南農學院的青年教師羅孝和等人，隨袁隆平來到海南島，成為他的研究助手。

從湖南省隆回縣農村出來的羅孝和年齡與袁隆平相當，性格直爽，為人樂觀，愛開玩笑，大家給他取了個「樂呵呵」的外號。

當時生活艱苦，袁隆平讓他管理伙食。他們從湖南帶了一些臘肉去，海南島天氣熱，臘肉掛在廚房裏不停地滴油。「樂呵呵」每天都拿秤稱一稱臘肉，稱完了立即報告說：「袁老師，又少二兩了。」這個節目經常惹得大家開懷大笑。

工作之餘，他們一起去海裏游泳。羅孝和也喜歡游泳，而且游得不錯。當時他並不知道袁隆平游得怎麼樣。他第一次和袁隆平去游泳就發出了挑戰，說：「袁老師，我們來比賽。」袁隆平說：「你先游，我來追你。」羅孝和說：「那不行，我們要公平競爭。」結果袁隆平游到了對岸，他落後了十多公尺。

羅孝和不肯服輸，他確實是有實力的，以前在湖南農學院參加橫渡瀏陽河的游泳比賽，得過第六名的好成績。他說，他擅長的是蛙泳，還要比一次。他哪裏知道，袁隆平曾獲得武漢市中學生游泳比賽的第一名。他們第二次比賽，羅孝和又被拋在後面十多公尺。他這才知道，自己是遇到高手了。袁老師和他有著共同的愛好，這讓他感到格外高興。從此，羅孝和跟著袁隆平在風雨和陽光裏辛苦地進行試驗，不怕吃苦，艱難地探索。

中國國家科學技術委員會和農業部考慮到糧食增產的重要性，組織了雜交水稻科學研究的全國性協作組。一九七一年三月下旬，湖南、湖北、廣東、廣西、江西、福建等十三個省、直轄市、自治區的十八個科學研究單位的五十多名農業科技人員，先後來到了袁隆平的海南島基地——南紅農場，住在附近一帶，學習和參與研究。

這時，「野敗」已經發現並完成第一次雜交試驗，它的雜交第一代表現出非常優越的雄性不育保持功能。這是雜交水稻研究上的一個重要轉折。

袁隆平深深懂得，要把「野敗」轉育成「不育系」，進而實現「三系」配套，直到應用於大面積生產，這中間還有一道又一道難關。因為「野敗」不育株除不育性外，其他性狀基本上與普通野生稻相同，在生產上無直接利用價值，必須精心進行轉育的工作。

用野生稻作為試驗材料，與人工栽培稻進行雜交，實質上就是進行基因置換，通過一次次組合繁殖更新換代，把有益的基因遺傳到下一代，而把不利的基因淘汰掉。現在袁隆平和他的徒弟需要加快這項工作，通過不斷雜交繁殖，把「野敗」的不育基因轉入栽培稻，進而培育出生產上所需要的「不育系」、「保持系」和「恢復系」，從而實現「三系」配套。

要完成「三系」配套還有許多工作要做，技術難度很大。他們師生是將「野敗」這一最新試驗材料封閉起來，關門研究？還是讓更多的研究人員協作解決呢？當時還沒有什麼人知道「野敗」和它的價值，要進行技術保密是容易做到的。袁隆平沒有這麼做。他想到的是，多一個人參加研究就多了一份力量，就多了一份早日把雜交水稻試驗成功的把握。

面對全國各地來的科技人員，袁隆平毫無保留，及時報告了他們師徒的最新發現，慷慨無私地把自己培育的「野敗」材料分送給大家，讓他們一邊學習一邊試驗。

袁隆平在駐地開闢了教室，架起黑板，辦起雜交水稻研究速成班。白天，他在試驗田裏示範技術操作。晚上，他給各地技術員講理論課，把自己多年積累的知識奉獻給大家。

袁隆平以無私的胸懷、高尚的品德和對雜交水稻的深入研究，贏得了各地研究人員的敬重，成為中國雜交水稻研究總設計師和學術領頭人。

袁隆平指導大家用「野敗」與不同的品種進行雜交試驗。各省的試驗組在試驗田裏忙碌著。短短一年多的時間裏，來自全國各地的一百多名研究人員，選用長江流域、華南地區、東南亞、美洲、歐洲等地的一千多個水稻品種，與「野敗」進行了上萬個轉育試驗，加速了雜交水稻的研究進程。

袁隆平、周坤爐等育出了「二九南一號」、「威二〇」不育系和保持系；江西萍鄉市農業科研所的顏龍安等育出了「珍汕九七」不育系和保持系；福建的楊聚寶等育出了「威四一」不育系和保持系。

但是，最為關鍵的「恢復系」仍然沒有找到。如果「三系」不能配套，就不可能育成用於大面積種植的高產雜交稻，雜交水稻依然不算培育成功。

「三系」雜交水稻能否配套成功呢？這是當時理論界爭論的焦點之一。有人曾經預言：「袁隆平等人六〇年代從事的不育材料，易找『恢復系』，但沒有『保持系』；而現在的『野敗』不育材料正好相反，雖獲得了『保持系』，但不一定找得到『恢復系』。」

袁隆平並不為理論界那些評頭論足的議論所動搖，他是一個實幹家，他的研究是從實踐起步的，也堅信能從實踐中找到解決的辦法。他充滿自信地推斷，「恢復系」一定會在近期篩選出來。

一九七二年三月，雜交水稻研究被中國國家科委列為重點科學研究項目。這年九月，在湖南長沙召開了第一次中國雜交水稻研究科研協作會。許多農業研究機構和大專院校參與基礎理論研究，與育種工作者緊密配合，形成了全國性的協作攻關陣勢。

這年秋天，袁隆平帶著十來名助手從長沙動身去海南島。為了爭取育種的時間，他們在長沙就把稻種浸溼催芽。路途上怕稻種變壞，周坤爐把浸過的穀種捆在身上，利用自身的體溫加速催芽。因為人的體溫正好是催芽所需的溫度，儘管浸溼的稻種捆在身上極不舒服，但是為了加快催芽，他也就不管自己的感覺了。

沒有買到火車座位，助手們把行李堆在車廂的過道邊，給袁隆平當「軟席」坐。大家跟羅孝和開著玩笑，一路談笑風生。

到達南紅農場，捆在周坤爐身上的種子立即被播進試驗田。各省的南繁試驗組輪番來請袁隆平去做指導。為了避免千軍萬馬在同一層面上試驗的情況，袁隆平指導大家各有側重，從不同的方面去突破。他指導各個試驗組用「野敗」與上千個不同的品種進行上萬次測交和回交轉育試驗，提高了成功機率，加快了研究進程。

一九七三年，在突破了「不育系」和「保持系」的基礎上，參加攻關協作的各地科技人員廣泛選用各地的一千多個品種，進行測交篩選，找到了一百多個具有「恢復系」能力的品種。

袁隆平、張先程等率先在東南亞品種中找到了一個優勢強、花藥發達、花粉量大、恢復率在百分之九十以上的「恢復系」品種。

這年九月，在長沙馬坡嶺試驗田，袁隆平和周坤爐轉育的「二九南一號」不育系，經過連續三年共七代的雜交試驗，有十個株系共三千株試驗稻，終於達到百分之百不育，且性狀與父本完全一致的標準。這是一個重大的突破。

一九七三年十月，在蘇州召開的中國水稻科研會議，袁隆平發表了題為〈利用「野敗」選育「三系」的進展〉的論文，正式宣告中國秈型雜交稻「三系」配套成功。

袁隆平的這一消息預告著中國應用水稻雜種優勢的時刻即將來臨，這是中國自主研發的重大科學技術。

試驗田裏的「魔法」

袁隆平在蘇州會議報告中國秈型雜交稻「三系」配套成功，這一消息並未得到農學界權威人士的肯定。有人說，日本的新城長友教授在一九六八年已經成功實現「三系」配套，由於沒有表現出明顯優勢，不能應用於大面積生產。言下之意就是說，袁隆平的「三系」配套也不過如此，不要過於樂觀。

然而，新城長友用的是粳稻，袁隆平是利用秈稻。秈型雜交稻「三系」配套成功後，到底有沒有大面積生產的應用價值？袁隆平感到很大的壓力，他只有用事實來做出回答。

袁隆平從蘇州回來，遇上羅孝和，只見他愁眉不展，心事重重。原來，他的試驗田裏出現了新問題。

羅孝和在省農科院的試驗田裏種了一丘四分地的「三超稻」，也就是產量要超過父本、母本和對照品種。這丘試驗田的禾苗生長得旺盛，引起了人們極大的興趣。收割時，試驗田稻穀的產量只是與對照品種「湘矮早四號」持平，稻草卻增加了一倍。

一些對雜交水稻持懷疑態度的人說：「水稻即使有雜種優勢，也只能表現在稻草上，而不在稻穀上。可人吃的是飯，而不是草！這個雜交水稻，弄來弄去，生產上還是沒有價值。」這些議論，讓羅孝和心灰意懶，抬不起頭來。

袁隆平控制住了心中的怒火，認真地分析這次試驗。他對助手們說：「這次試驗，表面上看是失敗了，但實質上卻蘊含著極大的成功。有無優勢是雜交稻研究有沒有前途的關鍵，稻草的成倍增長顯示，雜交優勢在水稻這個自花授粉的作物上是客觀存在的。至於朝哪個方向發展，則屬於技術上的問題。這次稻草增產了，我們可以改良組合，下次優勢不就朝稻穀上面發展了嗎？」這番精闢的分析，使羅孝和與其他助手的心又熱乎起來。

一九七三年春，袁隆平在海南島親自配製了十多公斤雜交稻種，分給助手試種。這年秋天，在湖南省農科院一．二畝的試驗田裏，這些種子收穫了畝產五百零五公斤的高產量，雜交水稻的增產優勢初露鋒芒。

一九七四年，袁隆平擴大了試驗範圍，經過大家的精心培育，各個試種點都取得了顯著效果。以湖南的一些試驗田為例，在與常規良種稻同等管理的條件下，雜交稻畝產稻穀增加五十至一百公斤，增產率為百分之二十左右。常規良種稻的草與穀之比為一比一，雜交稻則為一比一．四。雜交優勢已經很大程度發揮到稻穀上來了。袁隆平終於育成了中國第一個強優勢組合「南優二號」。在安江農校試驗中，中稻畝產達到驚人的六百二十八公斤。雙季晚稻示範栽培了二十多畝水田，畝產五百一十一公斤，分別比常規水稻增產百分之三十以上。

到雜交早稻「威優三五」問世後，事實證明了雜交稻的優勢。袁隆平和他率領的技術人員終於闖過了雜交水稻配組的優勢難關。

闖過了高產的優勢難關，袁隆平依然不能歇一歇，新的問題又冒出來了。他又面臨著雜交種子產量低的育種難題。

那時，育種試驗田生產出的雜交種子畝產只有五．五公斤。經過成本核算，雜交種子要達到畝產四十公斤才划算，農民才樂於接受。否則，種子成本太高，畝產增收的稻穀與種子成本兩相抵消了，農民還是得不到實惠。

袁隆平深入田間地頭，仔細觀察研究，發現雜交育種的關鍵主要取決於父本和母本的揚花時間能否步調一致。

他經過計算，每畝育種田要有一百五十四萬粒稻穀授粉成熟，畝產的雜交種子才可達四十公斤。要達到這個目標，就要讓母本和父本的花期相遇，花粉能均勻地散落在母本花蕊上。

抓住了問題的關鍵，袁隆平蹲在試驗田裏，細心觀察父本和母本的開花習性，尋找葉齡與花期的關係，推算播種時間，一套具有袁隆平特色的育種辦法迅速在他的腦子裏成形了。

他設計了父本與母本分壟間種的栽培模式，母本成畦，父本成行，以確保母本均勻授粉。他又安排將父本和母本分期播種，有效地調節了花期，做到同時開花，有效地提高了稻種田的揚花受孕率。

為提高種子田揚花受孕率，他採用簡單而實用的新辦法，那就是「一把剪刀加一根繩子」。抽穗時，用剪刀把過多的稻葉剪掉，便於花粉飄散授粉。水稻揚花之際，實施人工輔助授粉，就是由兩個人拉著長長的繩子在稻田兩邊的田埂上走過，繩子在開花的稻穗上拂過，讓稻穗上的花粉充份地飄散開來，提高受孕率。

羅孝和從試驗中發現了「九二〇」植物生長調節劑的新用途，如果父本或母本的某一方抽穗稍晚，適時給它噴灑「九二〇」植物生長調節劑，催促同步抽穗效果顯著。

採取割葉、剝包、噴灑「九二〇」植物生長調節劑、人工輔助授粉等一系列綜合措施，目的就是讓父本和母本的花期同步，充份授粉，從而提高雜交種子的產量。

用這套辦法的試驗結果是，一九七五年春湖南協作組種植二十七畝育種田，雜交種子畝產上升到二十九公斤，其中有的試驗育種田最高畝產量超過五十公斤。

雜交水稻顯示的增產優勢引起了高度重視，在國家的大力支持下，一九七五年冬，全國組織兩萬一千人去海南島進行雜交水稻的「三系」繁殖和育種，其中湖南省就有八千多人，袁隆平任技術總顧問，育種面積達三萬多畝。從此拉開了大規模推廣雜交水稻的序幕。

這次育種突破預期的產量，獲得了重大成功。來自各地的育種技術員回到家鄉後，成為推廣雜交水稻的骨幹力量。

一九七六年，雜交水稻開始在湖南推廣，隨即在中國遍地開花結果。當年雜交水稻推廣面積兩百零八萬畝，增產幅度全部在百分之二十以上。試種雜交水稻的農民喜笑顏開，雜交水稻以不可抗拒的巨大魅力，為廣大農民所喜愛。

幾年之後，一直取得糧食豐收的農民高興地說：「我們解決吃飯問題，靠的是『兩平』，一靠鄧小平的責任制，二靠袁隆平的好種子。」這番話形象地表明，農民發家致富，一靠政策，二靠科學。

柔軟的內心處

從一九六八年到一九七七年的十年間，袁隆平有七個春節是在海南島過的。那些年，他南北奔波，四海為家，一心撲在雜交水稻研究上。

他的妻子鄧哲是一個賢慧、堅強的女人，無怨無悔地獨自擔當起繁重的家務。袁隆平已經是三個孩子的父親，可是後面兩個孩子出生時，他都在雜交水稻的試驗地，不在妻子身邊。

鄧哲忙不過來，有一段時間把大兒子五一送到重慶爺爺奶奶家裏，把二兒子五二託付給黔陽縣河口公社的娘家。袁隆平從海南島回家時，擠出時間去探望五二，幾十里山路和水路，走得很辛苦，他住一個晚上就急忙離去。

一九七四年底，袁隆平的父親病危，當時他還在海南島的試驗田裏。鄧哲得到消息，急忙趕到重慶家中。她徵求老人家的意見，要不要發電報叫袁隆平回來。老人家在彌留之際說：「他重任在肩，無論如何不要叫他回來。」鄧哲留在老人家身邊，服侍了近兩個月。第二年三月，袁隆平的父親因病去世了，袁隆平還在海南島忙於雜交稻的最後關頭。他得到消息，已是一個多月之後。他滿懷悲痛，對著青山綠水低頭默哀。

那些年裏，袁隆平在外奔波，飲食沒有規律。尤其是水稻揚花季節，中午他要守在稻田裏觀察，帶一壺水、兩個饅頭當午餐。長期過這種生活，袁隆平患了習慣性腸胃炎，體重下降到只有五十八公斤。同事們為他的身體擔憂，他卻樂觀地說：「體重減輕一點兒，下田還方便些。」

袁隆平內心感到虧欠了家人。本該一家團聚的春節、親人的生日、孩子突發高燒的時候，他總是缺席。他也從來沒有特意帶孩子出門遊玩過。

以前顧不了家，確是出於無奈，後來條件稍微變好，袁隆平總是試圖用各種方式去補償妻子和孩子。一九八一年夏天，袁隆平接到了去北京開會的通知。他決定帶上妻子和兩個孩子一起去。他豪情萬丈地表示，一定要帶他們去北京「好好地玩玩」。令人遺憾的是，一貫在生活小事上笨拙的袁隆平，竟然連坐票都沒有買到。「沒關係，站著就站著，反正又不是第一次了。」鄧哲安慰丈夫道。

於是，他們帶著孩子擠在過道上。五一和五二難得出趟遠門，他們倒是興奮得很，在人群中穿來跑去，玩得不亦樂乎。

這時，列車長從車廂裏經過，袁隆平趕緊擠過去，表示想補幾張票。列車長搖搖頭，和顏悅色地拒絕了。

過了一會兒，列車長想起這個人很面熟，啊，他不是報紙上登過照片的水稻專家袁隆平嗎？他趕緊過來握手問好，連連說要想辦法，爭取給他們補臥鋪票。袁隆平倒有點不好意思起來。

列車長臨時給他們補到兩個臥鋪，但不在同一個車廂。於是一家人分成兩隊，妻子帶著五一，袁隆平帶著五二，各去一個車廂。

剛坐定，袁隆平就趕緊拿出資料忙碌起來。五二纏著他講故事，見父親忙個不停，自覺沒趣，只好一個人跑去玩了。

小五二這一去，半天還不見回來。袁隆平一點兒也不著急，一心以為孩子去找他媽媽了。直到鄧哲過來，問起五二，他才猛然發現，自己這個粗心的父親竟然把孩子給弄丟了。

一向沉著的袁隆平這下也慌了，還說帶孩子們去北京玩，才出發不久就把人給弄丟了。列車長聞訊趕來，馬上到列車廣播室廣播了尋人啟事，還即刻通知沿途車站是否發現迷路的小朋友。

果不其然，五二「丟」在了婁底站的站台上。原來，他去找母親時不小心隨著下車的人群走下了火車。袁隆平原本想狠批他一頓，結果看到滿臉淚痕、又委屈又害怕的小五二，心裏瞬間就被愧疚和心疼填滿了。這就是一家四口真正意義上的第一次旅行，這次經歷令全家每個人都終生難忘。

一九八一年除夕，原本是袁隆平家最快樂的一個春節。幾年沒有在家過春節的袁隆平回到了家裏，要陪家人好好地過節。

沒想到，歡樂的春節還沒有結束，意外的事情就發生了：鄧哲突發病毒性腦炎，一家人手忙腳亂地將她送進了懷化人民醫院。

還沒安頓好鄧哲，袁隆平的岳母也突發腦血栓，住進了黔陽縣人民醫院。這時，袁隆平的老母親也患上重感冒，一病不起。

原本就不擅長打理家事的袁隆平頓時手忙腳亂，三個地方奔來跑去，喘口氣的工夫都沒有。家裏亂得一塌糊塗，無從下手。袁隆平乾脆不收拾它了，反正愈收拾愈亂。

幾個朋友聞訊趕來，要他趕緊專心照顧妻子，兩個老人和其他家事他們會幫忙料理。袁隆平這才長吁了一口氣。這時尹華奇送通知來了。湖南省農業廳請袁隆平去長沙籌備全國雜交水稻研究協作年會。

一向對工作上的大事小事都不放鬆的袁隆平這會兒卻躊躇起來。他頓了頓，對尹華奇說：「你給我去請個假吧，這麼多年來，我從來沒有為個人私事請過假。這是第一次，這幾天我必須去照顧你師母。」

尹華奇看了看心事重重的老師，用力地點了點頭。

袁隆平馬不停蹄地趕到醫院，夜以繼日地守著昏迷的妻子。住院一直到第十天，鄧哲才醒過來。這麼多年，她是太累了，太需要好好休息了。看著這張幾天之間憔悴了的熟悉面孔，袁隆平心疼地想。

守在病房裏的日子是倆人結婚這麼多年來，朝夕相對最多的一段時間了。這些天來，袁隆平想了很多很多。

「搞水稻研究，要追著季節走，我不能夠留下過小家生活。鄧哲知道這個事業很重要，毫無怨言地支持我。我工作很忙，除了在海南或湖南的試驗稻田裏忙著試驗，還要在國內外講學和參加會議，待在家裏的時間就不多了。她獨自承擔起家庭的全部責任，沒有讓我分擔困難。」妻子昏迷的日子裏，時間似乎變慢了，往事像黑白電影一樣漸次在他的腦海裏回放。

袁隆平並不擅長照顧病人，然而護士們都笑稱他是最聽話的家屬。提醒他給病人一個小時翻一次身，給病人捏一捏肩膀和脖頸，他都一絲不苟地照著做。

在袁隆平的精心照顧下，鄧哲慢慢地康復了。他們十多年的共同生活中，鄧哲總是在照顧老人和孩子，這次得到袁隆平無微不至的關懷和照料，這讓她心裏滋生出甜蜜的歡喜和幸福，兩顆相濡以沫的心貼得更緊了。

禾下乘涼夢

雜交水稻在中國大面積推廣獲得了巨大的成功。一九八一年中共的十一屆六中全會通過的《關於建國以來黨的若干歷史問題的決議》中，把秈型雜交水稻的研究成功與氫彈、人造衛星的發射回收並列為中國科學技術的重大成就。

一九八一年六月六日，中國國家科委和國家農委聯合在北京舉行中華人民共和國第一個，也是迄今為止唯一的一個特等發明獎授獎儀式。袁隆平從時任中國國務院副總理方毅手中接過了獎章和獲獎證書。

美國人對雜交稻的成功表現出極大的興趣，派出一個攝製組專程到安江來拍攝袁隆平的電影紀錄片。一九八一年七月，攝製組組長勞克先生一行來到安江，拍攝了袁隆平的試驗田，也拍攝了袁隆平一家的生活。美國攝製組的人員感到驚訝的是，袁隆平已經八十一歲的母親竟然能說一口流利的英語。

美國攝製組拍攝的紀錄片曾在美國、巴西、埃及、意大利、西班牙、葡萄牙、日本等國家放映，這個片子震動了西方世界，使更多的人瞭解了中國。

一九八二年秋天，袁隆平赴菲律賓首都馬尼拉參加國際水稻科研會議。國際水稻研究所所長斯瓦米納森先生莊重地引領袁隆平走上主席台。

這時，投影機在銀幕上打出了袁隆平的巨幅頭像和「雜交水稻之父袁隆平」的英文字幕。與會的學者和專家一致起立，向袁隆平鼓掌致意。

斯瓦米納森先生致辭說：

「今天，我十分榮幸地在這裏向你們鄭重介紹我偉大的朋友、傑出的中國科學家、我們國際水稻研究所的特邀客座研究員——袁隆平先生！

「我們把袁隆平先生稱為雜交水稻之父，他是當之無愧的。他的成就不僅是中國的驕傲，也是世界的驕傲。他的成就給世界帶來了福音。」

菲律賓報紙頭版刊登了袁隆平的照片和「雜交水稻之父」的大字標題。

一九八四年六月十五日，湖南雜交水稻研究中心正式成立，袁隆平擔任研究中心主任。它坐落在長沙市東郊馬坡嶺。

雜交水稻技術受到世界的廣泛矚目。一九八五年，袁隆平獲得聯合國知識產權組織發明和創造金質獎章和榮譽證書；一九八七年，又獲得聯合國教科文組織巴黎總部頒發的一九八六至一九八七年度科學獎；一九八八年，獲得英國讓克基金會授予的讓克獎。一九九五年，袁隆平當選為中國工程院院士。

儘管「三系」雜交稻帶來大幅度增產，但也存在著配組不自由、種子生產環節多的缺點。袁隆平主動揭示問題，提出要把雜交稻的「三系」簡化為「兩系」，進而研究出「一系」。

「兩系法」雜交水稻研究課題很快被確定為國家「863」計畫生物工程中的第101-1號專題，袁隆平被指定為該專題組組長和責任科學家。

研究「兩系法」又是前人沒有走過的路。經過幾年，試驗並不順利，沒有突破性進展。袁隆平再一次激發了「不要在一棵樹上吊死」的靈感，尋找新的育種材料。

一位名叫鄧華鳳的年輕人在安江發現了一個受光溫條件控制的秈稻核不育株，引起了袁隆平的極大關注。經過三代繁殖，這個不育株在安江盛夏高溫的條件下，不育株和不育度都達到百分之百，保持不育的期間長達五十天以上。而在這五十天之前或之後抽穗開花，則全部表現為雄性可育，可自交結籽。這一特性為「兩系法」的成功帶來了希望。

袁隆平親自主持鑑定會，把它命名為「安農 S-1」光溫敏核不育系。他感到非常高興。他的助手李必湖在二十七歲時發現了「野敗」，為「三系」雜交稻的成功帶來了突破。李必湖的助手鄧華鳳在二十五歲時發現了「安農 S-1」，給「兩系法」帶來希望。

雜交水稻研究真是人才輩出，袁隆平對雜交水稻的美好前景充滿了信心。一九八九年的一個夜晚，他做了一個美妙的夢。他夢見自己在安江農校的稻田邊散步，發現田裏的禾苗長得比高粱還高，穀穗比掃帚還長，穀粒像花生米那樣大。他和朋友們在高大的禾苗下乘涼、聊天……

然而，研究工作並不順利。一九八九年夏季，南方出現了歷史上罕見的低溫天氣，使「兩系法」雜交稻的研究遭受了嚴重挫折，一些經過鑑定的「不育系」變成了可育，出現育性反覆的「打擺子」現象，「兩系法」雜交稻的研究陷入低潮。

袁隆平仔細研究了長江流域有紀錄以來的所有氣象資料，除在平原、丘陵地區設點試驗外，還在海拔兩百至兩千公尺的山區不同高度上設立多個試驗點，同時開展轉育試驗。

袁隆平找來外號叫「樂呵呵」的羅孝和，希望他儘快培養出一個不育起點在二十四攝氏度以下的兩用「不育系」來。羅孝和經過兩年多的探索，於一九九一年培育出了一個不育起點為二十三點三攝氏度的低溫敏核不育系，定名為「培矮 64S」，當年八月通過了「863」計畫專家組鑑定。

「兩系法」育種進入技術突破階段。「培矮64S」的成功給袁隆平的理論設想提供了一個有力的佐證，給「兩系法」的研究帶來巨大的鼓舞，但煩惱卻接踵而至。用它繁育種子，每畝的種子產量最多五六公斤，無法在生產中推廣。有人說：「這不是『培矮64S』，而是賠得要死。」

羅孝和為此感到苦悶，但並不甘心認輸。他從早到晚守在試驗田裏，渴望從兩萬多株沒有結出穀粒的「光桿桿」稻穗上找到蛛絲馬跡。

有一天，羅孝和發現靠著一個小山丘的方寸之地，有幾株「培矮64S」結著種子。他驚喜地跑過去，只見一股鉛筆頭大小的泉水汩汩地從稻叢下流過。取溫度計來一量，水溫很低。羅孝和豁然開朗，「培矮64S」結種子的祕密是受水溫影響，可通過降低水溫達到提高種子產量的目的。第二年夏天，他開始了冷灌繁殖種子的試驗，「培矮64S」的種子產量顯著提高，證明他的判斷是對的。

袁隆平對羅孝和的冷灌繁殖種子試驗給予充份肯定。從一九八六年開始，「兩系法」

雜交稻的研究經過又一個十年的艱苦探索。一九九五年，袁隆平鄭重宣佈：「兩系法」雜交水稻研究基本成功。「兩系法」雜交水稻隨即進行大面積生產應用，到二〇〇〇年中國累計推廣面積達五千萬畝，平均產量比「三系」增長百分之五至百分之十。

二十世紀九〇年代初，美國經濟學家萊斯特・布朗博士發表了一篇長文〈誰將養活中國？——來自一個小行星的醒世報告〉。文章說，中國僅有佔世界百分之七的耕地，要養活佔世界百分之二十二的人口，如果走日本、韓國等國家高速工業化的發展道路，中國將失去大量農田，糧食將無法自給，結果將會引起世界糧價上漲和糧食短缺。這篇文章引發了「中國糧食威脅」的議論。

一九九六年九月，袁隆平在北京參加中國科技十傑表彰大會，在人民大會堂發表了演講。他針對布朗博士提出的尖銳問題說：「中國完全有能力解決自己的吃飯問題。」

袁隆平向更高的目標發起衝擊——選育超級雜交稻！他選擇的又是一個國際性的科學研究難題。

袁隆平充份發揮了田間試驗積累的豐富經驗，把塑造優良的株葉型與雜種優勢有機結合起來，選育葉片長、直、窄、凹、厚，冠層高而穗層矮的超級稻優良株葉型態模式。這個模式抓住了水稻植株的葉片優勢，讓葉片充份發揮光合作用的效率，以提高產量。用袁隆平的話來說，這是「葉裏藏金」。

田間試驗和示範種植在緊鑼密鼓地進行——

二〇〇〇年，湖南湘西龍山縣的千畝超級雜交稻示範片突破平均畝產七百公斤大關，達到超級雜交稻第一期目標。

二〇〇五年，袁隆平完成超級稻第二期目標，實現大面積試種平均畝產達到八百公斤。雲南永勝縣小面積示範栽培創造了畝產一千一百三十八公斤的超高產紀錄。

袁隆平仍然奮鬥不止。二〇一五年，袁隆平團隊啟動了超級雜交稻第五期畝產一千一百公斤的研究。

要做一顆好種子

二十世紀九〇年代初，雜交水稻技術被世界糧農組織列為解決世界上糧食短缺國家問題的首選技術，也是中國對外交往中一個重要援外項目。袁隆平領導的中國國家雜交水稻技術研究中心有十五名專家被聯合國糧農組織聘請為技術顧問，其中袁隆平院士為聯合國糧農組織的首席顧問。

早在一九八〇年，雜交水稻作為中國出口的第一項農業專利技術轉讓給美國，引起國際社會的廣泛關注。根據合同規定，由美國圓環種子公司先付給中國種子公司二十萬美元首期轉讓費，中國即派出育種專家赴美國傳授雜交稻育種技術。

一九八〇年五月，受中國種子公司派遣，袁隆平作為首席專家，帶著另外兩名技術人員，第一次飛越太平洋。到飛機場來接他們的美國朋友把又黑又瘦的袁隆平晾在一邊，錯把同行的一個身體高大的技術員當成「首席專家」，抓住他的手熱情表示歡迎。

袁隆平幽默地化解了小小的誤會。

袁隆平一行來到美國西部的加州大學農業試驗站，為美國技術人員進行了雜交育種的授課和示範，並應邀與加州大學的教授和研究生座談，回答了他們提出的問題。當地的報紙對袁隆平的到來進行了報導，意大利的五名水稻專家聞訊立即趕到美國，與袁隆平探討水稻雜交生產問題。圓環種子公司的母公司西方石油公司召開股東大會，西方石油公司董事長漢默博士特地請袁隆平出席，把他安排在會議的首席，作為重要貴賓介紹給全體股東。

傳授技術期間，美國農業的發達程度給袁隆平留下了深刻印象。一個私人農場差不多就擁有中國一個鄉的土地面積，只有人數不多的農業技術人員管理，採用飛機播種，收割機裏安裝了冷氣。

雜交水稻在美國試種兩年，增產顯著。袁隆平曾先後五次赴美國解決技術難題，還派他的助手尹華奇、李必湖、周坤爐等多次赴美進行雜交水稻的技術指導。

中國的雜交水稻技術得到國際水稻研究所的高度重視，他們從一九七九年開始引種中國的雜交水稻，並多次請袁隆平前往講學。一九八〇年和一九八一年，國際水稻研究所組織各國的水稻專家，在湖南農業科學院主辦了兩期雜交水稻國際培訓班。一九八六年十月，世界首屆雜交水稻國際學術研討會在長沙召開，來自世界二十多個國家的兩百多名專家參加了這次盛會。

袁隆平應邀前往菲律賓、日本、法國、英國、德國、埃及、澳大利亞等國家講學、傳授技術。中國雜交水稻被推廣到世界上三十多個國家和地區，種植面積達到一百五十萬公頃。聯合國糧農組織出版了《雜交水稻生產技術》一書，發行到四十多個國家，成為科學研究和生產指導用書。

二〇〇一年二月，袁隆平與中國科學院吳文俊院士一同獲得中國首屆國家最高科學技術獎。袁隆平還記得初中時感到「數學為什麼不講道理」的疑惑，就和大數學家吳文俊先生說起那段有趣的往事。

袁隆平說，現代農業已經發展到高尖精的階段，要用量化來完成，數學是不可少的。他感慨地說：「數學是科學之母。」吳文俊笑著說：「搞數學的人要吃飯，農業是數學之父。」兩個人都會心地笑起來。

二〇〇六年四月，袁隆平當選美國國家科學院的外籍院士，成為中國工程院首位獲此榮譽的科學家。二〇〇七年四月二十九日，袁隆平在美國華盛頓正式就任美國國家科學院外籍院士，並出席世界數百名頂級科學家參加的院士年會。

當世人夢寐以求的榮譽蜂擁而來之時，袁隆平卻覺得「光環太多，很累」。幾乎每天都有各地的記者蹲守在大院裏等著採訪他。袁隆平很發愁，這怎麼得了？然而，只要是祕書安排好的採訪，他總是認真地配合，從來不擺一點兒架子。在任何場合，幽默而睿智的談吐很快讓他成為現場的核心人物。

有一次，記者採訪袁隆平時誇他在一場現場直播中小提琴演奏得太棒了。袁隆平搖了搖頭說，我是南郭先生，只是在前面做樣子，導演安排了高手在後面演奏。朋友告訴他電視劇《袁隆平》正在播放中，他悄悄地說：「哎呀，都不好意思看。」

每逢生日將近，袁隆平都要安排「躲生日」的計畫。唯獨二〇〇五年的生日，他沒有成功地躲起來。因為這天，中國國務院總理溫家寶來到中國國家雜交水稻研究中心視察，特地派人送來了生日蛋糕和鮮花，給袁隆平過了一個難忘的生日。

八十大壽快到時，袁隆平早早表示要「躲起來」。工作人員勸他，您躲到哪兒都會有人認識您啊。鄧哲提前一個星期就從家裏「消失」了。

生日那天，很多慕名趕來的人都沒有見到袁隆平。他早就跑到外地和妻子會合啦。他只想和家人安靜地待在一起，不願意給別人添麻煩。袁隆平樂呵呵說：「我也是『八〇後』。」這個風趣幽默、童心未泯的老頑童從不忘記他的研究工作，他的生日心願是：「到我九十歲的時候，我要實現畝產一千公斤。」

時光飛逝，二〇一八年五月，專家對三亞試驗示範田的「超優千號」水稻進行測產驗收，畝產高達一千零六十五點三公斤，袁隆平的生日願望提早實現。

袁隆平感覺最自在的地方，永遠是在試驗田裏。還有那麼多計畫要完成，他總是閒不住。他挽著褲腳站在綠油油的稻田邊，凝望著起伏的稻浪，心裏便感到舒坦，臉上也露出笑意。

直到如今，每到南繁育種季節，他仍然和過去一樣趕往海南島，與工作人員一同吃住在試驗基地。這個基地坐落在三亞市東郊荔枝溝。兩層樓房像普通農舍一樣掩映在椰林中，椰子樹之間扯起一根鐵絲晾曬衣物。在那裏沒有職位高低，院士、研究員、博士、研究生都一起下田。袁隆平招收研究生和博士生都要求他們下田勞動。他說，書本裏、電腦上種不出水稻，從事育種研究的人必須深入生產實踐。

袁隆平說：「我覺得人就像一粒種子，要做一顆好種子，身體、精神、情感都要健康。種子健康了，我們每個人的事業才能根深葉茂、枝粗果碩。」

他數十年身體力行，作為一顆健康的種子，一顆生命力蓬勃的種子，長成了科學研究領域的參天大樹，創造出雜交水稻事業的蓬勃景象。

嗨！有趣的故事

袁隆平

責任編輯：苗　龍
裝幀設計：盧穎作
著　　者：鄧湘子　謝長江

出　　版：中華教育
　　　　　香港北角英皇道 499 號北角工業大廈一樓 B
電　　話：(852) 2137 2338
傳　　真：(852) 2713 8202
電子郵件：info@chunghwabook.com.hk
網　　址：http://www.chunghwabook.com.hk

發　　行：香港聯合書刊物流有限公司
　　　　　香港新界荃灣德士古道 220-248 號
　　　　　荃灣工業中心 16 樓
　　　　　中華商務印刷大廈 3 字樓
電　　話：(852) 2150 2100
傳　　真：(852) 2407 3062
電子郵件：info@suplogistics.com.hk

版　　次：2021 年 9 月初版

規　　格：16 開（210mm × 148mm）
I S B N：978-988-8676-42-2

本書繁體中文版由接力出版社、黨建讀物出版社共同授權出版

Hi! Story